KB179582

올바름이라는 착각: 우리는 왜 조던 피터슨에 열광하는가

올바름이라는 착각: 우리는 왜 조던 피터슨에 열광하는가

유튜브 읽어주는 남자

데이포미

"이에, 피터슨 교수가 말합니다"라는
유튜브 영상 속 나의 멘트에 환호해준 사람들을 비롯해
조던 피터슨을 사랑하는 모든 사람들에게

유튜브

남자

언어주건

1

중학생 시절 중간고사가 끝나면 나는 교실에 있는 컴퓨터와 연결된 텔레비전으로 직접 준비해간 영화나 애니메이션을 틀어 반 친구들에게 보여주곤 했다. 나서서 틀어놓는 친구가 없었기에 가능한 일이기도 했는데, 신기하게도 친구들은 내가 고른 영화나 애니메이션에 푹 빠졌다. 친구들이 놀라거나 웃거나 감탄하는 순간에는 마치 내가 그 작품의 감독이라도 된 것처럼 짜릿함을 느끼곤 했다.

어릴 때부터 나는 내가 받은 감명을 다른 사람도 꼭 느끼게 해주고 싶어 하는 일종의 오지랖이 참 강했다. 운이 좋게도 그러한 마음에서 한 일들이 내게 고마움으로 되돌아왔다. 〈짱구는 못 말려〉는 어린아이들만 보는 만화영화인 줄 알았는데 극장판을 보고 이렇게 울 줄은 몰랐다는 이야기를 들으면 괜스레 뿌듯했다. 내가 알려준 영화가 인생 영화가 되었다는 말을 듣고 굉장한 희열을 느끼기도 했다.

사람은 공감받을 때 행복을 느낀다. 그것은 페미니스트도, 내 채널의 시청자도 똑같다. 차별과 고통을 호소하면서 서로 공감하고 또 연대하며 여성들은 희열을 느낀다. 마찬가지로 내가 페미니스트들의 과도한 비이성적 행태를 비판할 때 남성들은 서로 공감하며 희열을 느낀다. 많은 남성이 나의 유튜브 채널과 조던 피터슨Jordan Peterson[1]에 완전히 빠져버렸다.

하지만 조던 피터슨은 자신을 '안티페미니스트'라 규정짓지는 않는다. 페미니즘을 비판하기보다 '급진적 페미니즘'에 대한 위험성을 시사할 뿐, 안티페미니스트라는 규정은 분명히 거부한다. 무엇이든 급진적인 어젠다는 위험하기 때문이다. 우리가 주의해야 하는 것은 바로 급진적 이념의 위험성이다. 급진적인 이념에 홀린 사람과는 대화가 불가능하고, 사회를 혼란으로 이끌고자 하는 급진주의자의 에너지는 절망적이며 파괴적이다. 나 역시 스스로를 '안티페미니스트'라 말하지 않는다. 우선 나는 그러한 레이블 자체를 거부한다. 안티페미니스트라는 말이나 집단의 내러티브로 내가 규정되는 걸 원하지 않는다. 그래서 책을 쓰면서도 내가 말하고자 하는 바를 어떻게 하면 명확하게 전달할 수 있을지 고민이 많았다. 솔직히 말하자면 이 책을 60퍼센트 정도 완성했을 때, 약 한 달간 집필을 멈추었다. 영상으로는 사회적 이슈에 대해 어느 정도 중립을 지키며 말하고자 하는 바를 부드럽게 전달

---

1 캐나다의 임상심리학자이자 토론토 대학교의 심리학과 교수. 2016년 유튜브에 게시한 정치적 올바름을 비판하는 영상이 각종 미디어에 보도되면서 북미를 비롯한 유럽 전역에 '조던 피터슨 현상'이 일어날 만큼 영향력 있는 지식인으로 자리잡았다.
사진 © Gage Skidmore

할 수 있었다. 하지만 글로 써보니 어찌된 일인지 나의 생각과 가치관이 한 쪽으로 쏠리고 과장되어 보이는 것 같아 도중에 그만 의욕이 사라져버렸다. 나는 그리 극단적인 사람이 아니고, 오히려 개방적이고 예술적인 사람이다.

하지만 그럼에도 모두가 꼭 알아야 한다고 말하고 싶은 것이 있다. 하나는 이념이나 사상, 가치관에 지나치게 몰두하면 개인의 존재 가치가 위협받게 마련이라는 것이다. 그리고 다른 하나는 피해자를 가장하는 사람은 실제로 피해자가 된다는 것이다.

치열한 경쟁 사회에서 피해자가 되는 것만큼 달콤한 유혹은 없다.

자신이 패배한 이유를 하나 더 추가하는 손쉬운 방법이기 때문이다. 그러나 우리는 패배자가 될지언정 피해자가 되면 안 된다.

캔디스 오웬스
Candace Owens[2]**는 흑인이면서 여성이지만 자신이 피해자로 규정되길 원하지 않는다.**

그녀는 '조지 플로이드 사망 사건[3]'을 계기로 일어난 폭동마저 비판해 같은 인종인 흑인에게 살해 협박까지 받았다. 그녀는 흑인과 여성들이 '피해의식'에서 벗어나야 함을 강력하게 주장한다.

사회를 어떻게 바라보고 인생을 어떻게 살아갈지는 결국 개인의 선택이다. 정치관을 넘어 삶의 가치관이기도 하다. 물론 공감과 연대는 중요하다. 누구도 홀로 살아갈 수 없기에 사회 안에서 조화를 이루며 살아가려 한다. 하지만 집단과 이념에 개인이 잠식되어서는 안 된다. 개인은 철저히 독립적인 존재로 사고하고 비판하며 강인하게 일어설 수 있는 역량을 길러야만 한다. 그러나 이는 쉬운 일이 아니다. 어렵고 먼 여정이기 때문에 개인을 머뭇거리게 만든다.

대학 시절 나는 피해 의식에 사로잡힌 학생이었다. 정말이지 남 탓과 사회 탓을 하느라 하루가 모자랄 지경이었다. 지금 돌이켜보면 끔찍한 시절이었다. 제대로 하는 것은 아무것도 없으면서 불완전한 사회를 욕했다. 나를 피해자로 만든 세상을 향해 분개했고 부모님에게 불평불만을 마구 토로하기도 했다.

---

2 미국의 작가이자 논평가. 트럼프 대통령과 공화당을 비판해왔으나 2016년 이후로 '흑인의 생명도 소중하다Black Lives Matter, BLM' 캠페인을 비롯한 흑인 인권 운동을 비판하며 보수주의 논객으로 활동하고 있다.
사진 © Gage Skidmore

3 2020년 5월 25일 미국 미네소타주 미니애폴리스 파우더호른에서 아프리카계 미국인인 조지 플로이드가 경찰에 의해 체포되던 중 질식사한 사건. 미국 전역에 BLM 시위 및 폭동이 일어나는 계기가 되었다.

돌이켜보건대 소름이 끼칠 정도로 놀라운 사실은 그렇게 살다 보니 어느새 내가 진짜 피해자가 돼 있었다는 것이다. 20대 중반이 넘어가 도록 제대로 된 사회 경험을 쌓기는커녕 빚쟁이가 돼 있었고 언제까지나 나만을 사랑해줄 것 같았던 여자 친구도 3년이라는 시간을 버티다 떠나버렸다.

아이러니하게도 진짜 피해자가 되어 남은 게 아무것도 없을 때, 나는 다시 시작할 수 있었다. 게임에서 죽은 캐릭터가 부활하듯이 새롭게 시작했다. 아르바이트를 해서 모은 돈으로 카메라와 장비를 구입했다. 그리고 곧장 유튜브 채널을 개설했다. 약 석 달간 밤을 새면서 영상을 만들었다.

그러나 내 기대와는 달리 영상의 조회수는 0이었다. 정말 단 한 명도 보지 않았다. 나는 억울했다. 이렇게 노력을 쏟아부었는데 아무도 보지 않는다고? 잘나가는 채널이 미웠다. 그다지 재미도 없고 참신하지도 않은 영상이 조회수 10만, 100만을 훌쩍 넘기는 걸 보면 정말 가슴이 답답했다. 두세 달을 그냥 날린 것 같아서 화가 나기도 했다. 그러다 깊은 우울감에 빠져버렸다.

내 인생에 도무지 희망이 보이질 않았다. 여자 친구와도 헤어지고 아르바이트도 그만두었다. 가진 게 없는 상황에서 유튜브에 모든 걸 내던졌으나 돌아오는 것은 아무것도 없었다. 아직도 생생하다. 2019년 설날이었다. 친척 어른들께 용돈을 받고 집으로 돌아오는 길에 내 인생이 무너져내리는 것 같다고 느꼈다.

채널을 몇 번이고 확인해도 조회수는 그대로 0이었다. 사람들에게 철저히 외면받은 것 같아 부끄러웠다. 두세 달을 꼬박 바쳐 열심히 만든 영상 9개를 모두 삭제했다. 그때 처음으로 일을 하면서 밤을 샜다. 만드는 동안 행복했다. 하지만 성과가 없자 모든 것이 무용지물이었다. 아르바이트를 그만둔 터라 돈도 없었다. 숨통이 조여왔다. 친구의 소개로 왕복 4시간이 걸리는 위치의 레스토랑에서 일을 하기로 했다. 당장 일을 구해야 하는 상황이었기에 감사한 마음으로 아르바이트를 시작했다.

영상을 모두 삭제하고 2, 3주가 지나자, 내가 올렸던 영상을 조금 더 객관적으로 생각할 여유가 생겼다. 내 영상은 솔직히 엉망이었다. 누군가 클릭할 만한 썸네일도 아니었고 무심코 보기 시작한다 해도 끝까지 볼 만한 콘텐츠가 아니었다. 내 영상의 장르는 드라마였다. 나름 고급 장비를 세팅해 집에서 혼자 운동을 하고 밥을 먹는 내용을 촬영했다. 나름대로 운동과 먹방을 합친 새로운 콘텐츠를 만들었다고 생각했다. 게다가 여기에 일본 드라마 〈고독한 미식가〉처럼 일본어 내레이션을 넣었다. 내 일본어 실력을 뽐내고 싶었던 것이다. 나는 교만했다. 내가 무슨 연예인이라도 된 양 영상을 만들었다.

한마디로 자아도취가 빚어낸 흑역사다. 세상 사람 아무도 나를 모르는데, 어떠한 수요도 없는 시장에서 장사를 시작한 셈이다. '케이팝 가수'의 굿즈를 판다면 또 모를까, 나는 지나가는 사람들에게 그 누구도 모르는 '나'라는 사람의 이야기를 팔고자 한 것이다. 시장을 몰랐고 거래의 기본 개념에 대해 무지했고 수요와 공급에 대해서도 몰랐다. 그러면서 남 탓만 했다. 유튜브 알고리즘이 문제다, 멍청한 콘텐츠만 소비하는 사람들이 문제다, 이렇게만 생각했다. 하지만 유튜브 알고리즘만큼 편견 없고 정확한 AI는 없다. 멍청해 보이는 콘텐츠도 시장을 정확히 분석해 내놓은 것이다. 거기에 들어가는 수많은 노력을 나는 알지 못했다.

나는 겸허하게 다시 시작했다. 나의 이야기를 버리고 사람들이 관심을 가질 만한 영상을 제작하기로 했다. 당시 나는 조던 피터슨에 빠져 있었는데, 적지 않은 사람들이 조던 피터슨의 이야기를 더 듣고 싶어 한다는 것을 알게 되었다. 그렇게 '유튜브 읽어주는 남자'라는 채널이 시작되었다. 운이 좋게도 첫 영상부터 호응을 얻었다. 나는 사람들이 어떤 영상을 보고자 하는지 댓글을 통해 물으며 확인했고, 모든 사람들의 요구를 빠짐없이 영상화했다.

반응은 폭발적이었다. 레스토랑에서 대걸레질을 하고 있을 때였다. 핸드폰이 난리가 났다. 조던 피터슨과 롤로노아 조로를 함께 엮어 남성성에 대한 영상을 만들어 유튜브에 올렸는데 그 영상이 알고리즘 추천으로 약 30만이 넘는 조회수를 기록한 것이다. 실감이 나지

않았다. 구독자도 50명에서 1만 명으로 곧장 뛰었다.

왜 이 영상[4]이 이리도 인기를 끌었을까? 그것은 현대 남성들이 겪는 답답함과 난감함을 곧바로 해소해주는 내용이었기 때문이다. 영상을 보면 여성 게스트가 거는 소위 말싸움에 조던 피터슨은 말려들지 않고 반박한다. 게다가 이후 인터뷰에서는 급진적 페미니스트들이 지니는 극단적이고 위험한 여성성은 규제를 받는 경우가 거의 없다는 사실을 지적한다. 이러한 상황이 서구 사회뿐이 아니라, 우리나라에서도 동일하게 일어나고 있다는 점에서 국내 구독자들이 크게 공감한 것이다. 이 영상에 사람들은 말 그대로 열광했다. 그리고 내 채널을 통해 조던 피터슨이라는 인물에 더욱 관심을 가지게 되었다.

  유튜브 채널: 유튜브 읽어주는 남자
영상 제목: 전설의 피터슨...! (리마스터 버전)

이 경험을 계기로 지금까지 나는 유튜브 시장의 트렌드와 시청자의 수요를 철저히 고려해 영상을 만들고 있다. 때로는 내가 만들고 싶은 영상을 만들어 올리기도 하지만, 대부분은 사람들이 보고 싶어 하는 영상을 만든다. 이유는 간단하다. 시장이 그러하니까. 사람들은 수요를 충족시키는 공급에 돈을 지불한다. 수요는 필요, 요청, 취향 등의 단어와도 연결된다. 여기에는 어떠한 불평등도 없다. 사람은 단순하다. 원하는 것을 가질 때, 문제가 해결될 때, 요청이 받아들여질 때 가치를 부여하고 돈을 낸다.

그렇게 내 채널은 사람들에게 가치 있는 채널이 되었다.

알고리즘은 거짓말을 하지 않는다.

콘텐츠 소비자의 입맛에 맞추지 못하면 유튜브 알고리즘은 외면이라는 벌을 준다. 가려운 곳을 잘 긁어주면 추천이라는 상을 준다. 그런 식으로 철저하게 경쟁을 하게 만든다. 한정된 여가 시간에 사람들이 시청할 수 있는 유튜브 영상의 개수는 제한적이다. 거기에 파고들기 위해서는 온갖 노력이 필요한 것이다.

나는 이제 유튜브 시장에서의 경쟁 구조와 생존 법칙을 분명히 알게 되었다. 당신은 이 구조가 불편하게 느껴지는가? 혹은 불평등하게 느껴지는가?

내가 유튜브에 영상을 처음 올렸던 시점으로 다시 돌아가 생각해보자. 내가 벌거벗고 운동을 하고 앉은뱅이 식탁에 쪼그려 앉아 치킨을 뜯는 영상을 만들어 유튜브에 올린다. 게다가 내레이션은 일본어다. 사람들이 영상을 보지 않는다. 나는 불평한다. 남들과 똑같이 노력했고 그에 상응하는 노동력이 들어갔는데 왜 조회수가 0인가! 나는 소셜 네트워크 서비스Social network service, SNS에 울분을 터뜨린다. 그러면서 나처럼 조회수 0인 사람들과 힘을 합쳐 구글 본사에 항의한다. 우리를 가엾게 여기는 사람들이 우리에게 힘을 보태준다.

이랬을 때, 사회적 분위기를 의식해 구글 본사가 알고리즘을 개선해야 할까? 핀트가 엇나가 남들이 보지 않는 영상이라도 사람들의 피드에 줄곧 게시해야 할까? 그렇게 한다면 곧 유튜브의 시청 지속률은 떨어질 것이고 유튜브는 점차 망하게 될 것이다. 아니다! 유튜브가 망하지 않도록 국가가 도와주면 된다! 세금으로 유튜브를 살려내면 된다! 사회의 분위기를 바꾸어 추천된 영상이 내가 원하지 않는 영상이라고 해도 꾸역꾸역 보는 문화를 만들면 된다! 그래도 사람들이 고루 보지 않으면 강제하면 된다! 이러한 방식으로 해결하면 되는 것일까? 이러한 해결 방식이 과연 옳을까?

　세상이 이렇게 돌아간다면 끔찍하지 않을까? 당신이 일본어 내레이션을 들으며 치킨을 뜯는 내 모습을 5분 이상 볼 수 있을까? 그렇다면 고맙겠지만 대부분의 사람은 고역이라 느낄 것이다. (조회수 0이 이미 증명해주지 않았는가?)

슈퍼맨이 백인 남성인 것은 미국의 코믹스 문화다. 〈슈퍼맨〉이 보기 싫으면 〈블랙 팬서〉를 보면 된다. 슈퍼맨 못지 않게 많은 사람들의 사랑을 받은 역대급 히어로 영화. 누군가 평등 혹은 정의에 대한 이념 때문에 불편하다면, 그래서 슈퍼맨을 흑인 여성으로 바꿔야만 한다면, 그것이야말로 교조주의적이고 전체주의적인 억압일 것이다. 이러한 사람들은 자신들의 도덕적 잣대가 100퍼센트 옳다는 우월 의식을 갖고 있다. 억압을 탈피하자고 그렇게 목청을 높이면서, 왜 또 다른 억압을 만들어내려고 하는 것일까?

당신은 생각만큼 똑똑하지 않다.

나 역시 그렇다. 그래서 무엇이든 목청껏 부르짖기 전에 여러 측면을 살펴야 한다고 생각한다. 웃통 벗고 치킨을 뜯는 영상의 조회수가 낮다고 다 함께 모여 피해자의 고통을 호소하기 보다 시간을 두고 객관적으로 자신의 모습을 살펴보아야 하는 것이다. 지금 당신이 불평등하다고 생각하고 있는 것들에 대해 피를 토하기보다 먹먹한 감정을 내려놓고 잘 생각해보아야 하는 것이다.

우리는
모두 피해자다.

세상에 태어난 이상 누구나 마찬가지다. 삶은 고통이다. 이는 모든 종교가 공통적으로 시사하는 바이기도 하다. 당신의 삶은 고통스럽다. 내 삶도 그렇다. 잘나가는 인간도 고통스럽다. 아프지 않은 인간은 없다. 피해자가 아닌 성별은 없다. 각자 처한 환경과 위치에서 모두가 나름의 고통을 겪고 있다.

그래서 유대가
필요한 것이다.

서로 다른 존재들이더라도 대화하고 융합해야 하는 것이다. 남녀로 나누고 인종으로 갈라서는 안 된다. 극단의 분리주의를 부추기는 이념에 대해 다시 한 번 생각해보아야 한다. 그리고 무작정 화를 내기보다 대화를 나눠야 한다. 사람들이 앞으로 무슨 영상을 보고 싶은지를 묻고 답을 구해야 한다. 왜 안 보냐고 화내고 울부짖는다고 문제가 해결되는 게 아니라는 거다.

유튜브 읽어주는 남자라는 채널을 운영하기 전까지 실패는 수없이 많았다. 먹방과 운동을 결합한 채널 이전에 게임 채널, 노래 커버 채널, 코미디 스케치 채널에도 도전했었다. 하지만 어느 하나 제대로 된 관심을 받지 못했다. '유튜브 읽어주는 남자'라는 채널도 마찬가지다. 성공적인 프로젝트와 영상 시리즈도 있지만, 실패로 끝난 게 더 많았다. 하지만 더 이상 실패에 대해 연연하거나 불평하지 않았다. 내가 왜 실패했는지 구체적인 이유를 알았기 때문이다.

지금 인류는 유례없는 번영을 누리고 있다. 절대적 빈곤은 점점 줄고 있다. 하지만 어찌된 일인지 피해자는 더욱 늘어나고 있다. 자연에 의해 삶의 위협을 느끼던 시절을 지나 안정된 사회로 진입하자, 더 많은 권리와 자유를 가져야 한다고 교조적으로 주장하는 사람들과 그에 강박적으로 매달리는 사람들이 늘어나고 있다. 책임과 의무는 아무도 지지 않으려 하면서 오직 권리와 자유만을 원한다. 그들은 질서보다 혼란을 좋아한다. 경쟁을 이겨내고 딱딱한 위계질서의 꼭대기에 오르기는 너무나도 힘들기 때문이다.

한마디로 우리는 나약해진 것이다. 성별 간의 불평등이 더욱 커진 게 아니다.

인종 간의 차별이 더욱 극심해진 게 아니다.

우리가
더욱 나약해진 것 뿐이다. 스스로를 피해자로 만들기 시작한 결과다.

늑대에게 팔다리를 물어뜯기지 않은 오늘에 감사하자. 섹시한 여성이 엉덩이춤을 췄다고 여성의 인권이 하락하는 것이 아니다. 청소부와 변호사의 임금이 다른 것이 기득권층의 음모가 아니라는 것이다. 불편 레이더를 돌려가며 하루를 소비하기 전에, 내가 이 사회에 진정으로 기여할 수 있는 것이 무엇인지 고민하자는 거다. 거짓된 도덕적 우월감에 도취되지 말자는 거다.

조던

피터슨

2

2. 조던 피터슨

내가 조던 피터슨을 처음 알게 된 것은 한 해외 유튜버의 영상을 통해
서였다. 그는 시사 프로인 〈채널 4 뉴스〉에서 페미니스트 앵커 캐시 뉴
먼과 조던 피터슨이 토론하는 장면을 분석해 자신의 채널에 올렸다.
영상의 제목은 '논쟁에서 당황하지 않는 방법-조던 피터슨 편'이었다.
나는 이 유튜버의 인터뷰 영상 편집본을 끝까지 보기도 전에, 원본 영
상을 보기 위해 영상을 중지했다. 그리고 놀라운 경험을 했다. 영어가
완벽하지 않은 내가 자막 없이 그렇게 몰입해서 본 해외 영상은 그때
껏 단 한 개도 없었다. 그야말로 초집중 상태로 영상을 시청했다. 상대
가 잘못했다는 것을 전제로 시도 때도 없이 몰아붙이는 앵커의 공격에
전혀 당황하지 않고 차분히 자신의 논리를 펼치는 조던 피터슨의 모습
을 보면서 뜨거운 희열마저 느꼈다.

인터뷰에서 다룬 이슈 중 내가 가장 공감한 부분은 '남녀 임금 격차'에 관한 내용이었다. 앵커는 왜 여성이 같은 일을 하고도 남성보다 돈을 덜 받아야 하는지 호소하면서 통계 수치를 근거로 들었다. 시간당 남녀의 평균 임금은 9퍼센트 차이가 나며 영국 상위 100인의 기업가 중 여성은 단 8명뿐이라는 것이다.

이러한 통계는 맞닥뜨리는 순간 무척 불공평하게 느껴진다. 눈으로 확인되는 수치의 차이가 존재하기 때문이다. 하지만 조던 피터슨은 이를 냉철하게 분석한다. 어떤 현상을 이해하기 위해서는 다변량 분석[2]을 통한 깊이 있는 연구가 필요하다는 점을 지적한다. 그에 따르면 임금 격차를 분석할 때 고려되어야 하는 변수는 많게는 18가지 이상이다. 직업, 성격, 성실성 등 분석해야 할 항목들이 세분화될수록 결과는 더욱 정확해진다. 직업이라는 변수만 보아도 그렇다. 여성들은 일반적으로 취업률이 높은 해양건축과에 진학하거나 많은 임금을 주는 석유 시추 시설에 취업하려고 하지 않는다. 상대적으로 고임금을 받는 직종을 택하는 대신 일과 삶의 균형처럼 임금 외의 요소를 더욱 중요시 하는 여성이 비교적 많다.

---

1   유튜브 채널: Charisma on Command
영상 제목: How To Avoid Embarrassing Yourself In An Argument - Jordan Peterson

2   연구하고자 하는 대상으로부터 측정된 두 가지 이상의 변수들을 개별적으로 분석하지 않고 동시에 분석하는 통계적 기법을 말한다.

불평등의 원인이 오로지 '사회구조'에 있다고 믿는 사회구조 신봉론자들은 남녀 임금 격차를 부당한 권력 구조의 결과로 보고 제도와 법률 등을 통하여 상대적 불평등을 해소해야 한다고 주장한다. 하지만 조던 피터슨은 그것이 전부가 아니라고 반박한다. 사회구조는 인간의 본능에 따라 발전해 온 것으로, 세상에 완벽한 평등이란 존재할 수 없다고 말한다. 그 까닭은 유구한 역사를 지닌 '위계질서' 때문인데, 이는 모든 동물의 DNA에 뿌리 깊게 박힌 것으로 사회구조보다 훨씬 오래된 체계라고 설명한다.

조던 피터슨의 이 인터뷰 영상을 보고 10여 년에 걸쳐 내 안에 뿌리 깊게 자리잡았던 허무주의가 순식간에 무너져내렸다. 나는 이유도 모른 채 줄곧 사회구조 신봉론자로 살아왔다. 왜 세상은 이렇게도 불평등할까? 왜 내가 더 나아가기 위해서는 남을 짓눌러야 할까? 누군가가 승리하면 왜 누군가는 패배해야 할까? 너무나 슬프고 괴로웠다. 나보다 잘나지 못한 친구들에 대한 동정심과 미안함, 그럼에도 선뜻 내 승리를 양보하고 싶지는 않은 위선적인 마음이 나를 오래도록 괴롭혀왔다. 그러면서 자연스레 경쟁을 악마시해왔다. 어린 시절부터 나에게 가장 중요한 개념은 '평등'이었다. 모든 사람이 동등하게 평등해야만 한다는 생각이 일종의 강박으로 자리 잡아 나보다 더 나은 사람, 더 가진 사람을 자연스레 미워하게 되었다. 때로는 남들보다 내가 더 나은 사람, 더 가진 사람이기도 했기에 어떻게 하면 더욱 평등해질 수 있을지를 고민하면서도 나의 성취를 양보해야 할 때면 은근한 후회와 언짢음에 당혹스러움을 느끼기도 했다. 인간의 탐욕도 싫었다. 모두가 욕심을 버리면 사회가 조금 더 살기 좋은 곳으로 바뀔 수 있을 거라고 생각했다. 그런데 이러한 생각이 깊어질수록 이상하게도 나는 스스로를 위한 노력을 기피하게 되었다. 불평등한 시작점에 선 사람을 위한 올바른 장치가 마련되기 전까지, 나는 레이스에 뛰어들려고 하지 않았다. 바뀌어야 하는 것은 내가 아니라 세상, 즉 사회구조라 생각했기 때문이었다. 그러면서 동시에 사회의 구조가 쉽게 바뀌지 않을 것이라는 생각이 머릿속을 지배해 회의감에 빠지기도 했다.

'노력은 해서 뭐해? 내가 노력 해봤자 불평등한 사회에서 무엇을 이룰 수 있단 말일까?

어차피 금수저 친구를 이길 수 없을 테고,
평생 잘난 사람들 밑에서 일해야 할 텐데….
그렇게 살려고 내 청춘을 희생해야 할까?

노예가 되기 위해 성실함이라는 덕을 쌓아야 할까?'

이러한 나에게 조던 피터슨의 말은 천둥이 치는 것처럼 거대하고 큰 울림이었다. 나는 정신을 차리다 못해 기절할 뻔했다.

"경쟁은 나쁜 것이 아니다.",

"인간은 본래 평등하지 않다.", "평등을 위해 더 나음을 억제하는 것은, 모두가 동일하게 낮아지는 것을 의미한다."

만일 내가 심장병에 걸린다면 나는 가장 수준 높은 의료 서비스를 제공하는 심장 전문의에게 치료를 받으려 할 것이다. 남들보다 뛰어난 경쟁력을 지닌 사람에게 치료받고 싶어 하는 마음은 악독한 이기심과는 다르다. 치열한 경쟁과 이로 인해 생겨난 위계질서 안에서 의료 시스템은 더욱 발달하고, 더욱 실력 있는 의사들이 생겨나며, 결과적으로 의료 시스템의 전반이 발전한다. 평등을 위해 강압적인 제도를 동원해 경쟁을 없애고 위계질서를 허문다면 어떻게 될까? 누구나 의사를 할 수 있고 인구수를 할당하고 그에 맞춰 지역 병원을 건설해 누구나 동일하게 서비스 받는 의료 시스템을 만들어낸다고 가정해보자. 결과의 평등을 중요시하는 사람들은 이렇게 말할 것이다. "사람은 경쟁과 이기심에 의해서만 발전하거나 성장하지 않습니다. 이타심과 배려심, 남을 위해 헌신하고자 하는 마음만 있다면, 모두가 평등하게 행복해질 수 있습니다." 하지만 그렇게 말하는 당사자 역시 생명에 위협을 느낄 정도로 몸에 이상이 생긴다면 아마도 가장 경쟁력 있고 실력 있는 의사를 찾아갈 것이다. 아주 착하고 헌신적이지만 의료 기술이 부족한 의사보다는 말이다.

이것이 바로 '조던 피터슨 현상'의 본질이라고 나는 생각한다. 사실 이렇게 글로 장황하게 설명하지 않아도 누구나 아는 상식에 가깝지만, 당연한 것을 당연하게 받아들이지 않는 혼란이 오늘날 사회의 모습이기도 하다. 이렇듯 혼란스러운 오늘날 사회에 조던 피터슨은 우리로 하여금 새롭지 않지만 줄곧 희석되었던 중요한 가치와 삶의 규칙을 떠올려보게 한다.

'모두의 평등', '모두의 행복'이라는 달콤한 유혹에는 심각한 맹점이 있다. 경쟁을 통해 발전하려는 인간의 본성을 무조건 나쁘게 본다는 것이다. 개인의 이기심과 경쟁심이 꼭 나쁜 것만은 아니다. 남보다 우위에 서서 더 많은 영향력을 끼치고 주목받고 싶어 하는 것은 자아실현을 위한 순수한 열망이지, 남을 짓누르고자 하는 압제적 탐욕이 아니다. 부를 악마시하는 풍조는 현대사회에 전염병처럼 퍼지고 있다. 자본주의의 발달과 함께 가진 자들에 대한 분개심이 커져가면서 악의 근원인 질투로부터 해방될 수 있도록 모두가 평등한 유토피아를 만들고자 고군분투 중이다.

하지만 안타깝게도 그러한 유토피아는 없다. 우리는 인간의 생물학적 본성과 원초적 심리 기제에 대해서 더욱 자세히 살펴보아야 한다. 사회구조를 무조건 비난하기보다 총체적인 이해를 시도할 필요가 있다. 세상은 왜 불평등할까? 기득권층의 음모와 사회구조적 억압이 정말로 남녀 임금 격차와 절대 빈곤층을 탄생케 한 주범일까?

정답은 반대다.
세상은 과거 어떤

시대보다 월등히 나아졌다.

남자와 여자는 과거 어떤 시대보다 평등한 위치에서 경쟁하고 있으며, 절대적 빈곤은 지난 반세기 동안 드라마틱하게 줄어들었다.

삶의 질의 평균은 계속해서 더욱 높아지고 있다. 대학 진학률은 근래 약 10년 이상 여성이 남성을 훨씬 앞서고 있다. 차별이라 불려왔던 수많은 것들이 법을 통해 철폐되었다. 그럼에도 왜 우리는 만족하지 못하는 것일까? 왜 자꾸 사회가 올바르지 못한 것처럼 보일까? 왜 지금의 젊은이들은 사회를 무작정 비난하며 나르시스트적 회의감에 빠지는 것일까?

가부장제와

남산 오산금

3

3. 가부장제와 남성성

포스트모더니스트들은 고정관념의 탈피를 내세워 여러 가치의 경계를 허물고 희석해왔다. 그중에서도 근래에 가장 큰 사회적 이슈를 불러일으킨 개념이 바로 '가부장제'와 '남성성'이다. 기술의 발달로 생활환경과 삶의 질이 올라간 인류는 부족사회였던 과거를 지나 점차 '모계사회'로 진입해가고 있다. 이제 더 이상 늑대를 쫓아내며 마을을 보호할 건장한 남성이 필요하지 않으며, 생존에 필수적이던 고강도 노동은 대부분 기계가 대신하게 되었다. 결과적으로 남성성이 지니던 사회적 효용가치가 곤두박질쳤다.

집단에서 집단의 유지에 가장 많은 기여를 하는 사람이 가장 큰 권력을 가지는 것은 당연하다. 과거 남성이 부족장이 되어 큰 권력을 가지고 있을 수 있었던 이유는 그만큼 책임을 많이 졌기 때문이다. 물론 책임에서 벗어났음에도 가부장적인 권력을 원한다면 그것은 분명한 횡포다. 대부분 가부장제의 폐해는 변화한 시대를 인식하지 못하고 정당하지 않은 권력을 휘두르면서 일어났다. 가부장제는 오늘날 대부분의 사회에서 적합하지 않게 되었고, 과거의 남성들이 지녔던 가부장으로서의 책임과 권력은 눈에 띄게 줄어들었다. 그렇다고 해서 가부장제 자체를 악마시하는 것이 과연 올바른 일일까? 지금의 사회적 기준과 부합하지 않는다고 해서 과거의 권력을 압제로 여기고 그 책임을 오늘날 젊은 남성에게 씌우는 일이 과연 정당한 일일까?

공격의 화살은 심지어 '남성성' 자체로 향하고 있다.

남성성을 공격하는 이들은 과거 남성성이 기여하고 책임진 부분에 대해서는 살펴보려 하지 않는다. 대신에 세상의 꼭대기에 선 상위 1퍼센트의 권력자가 대부분 남성이라는 현상을 근거로 사회의 뿌리에 오염된 가부장제가 존재하며 사회의 불평등한 위계질서를 고착화하는 소위 '유해한 남성성'을 거세해야만 진정한 평등이 이루어질 것이라고 굳게 믿는다.

진정한 평등은 도대체 무엇일까? 상위 1퍼센트 권력자의 성비가 꼭 반반이 되어야만 하는 것일까? 혹은 수입에 따른 모든 비교 집단의 인종이 모두 동일한 비율로 맞춰져야만 하는 것일까? 거리를 떠도는 노숙자, 원양어선을 타는 노동자의 대부분이 남성이다. 자살자의 75퍼센트가 남성이라는 점도 함께 고려하자. 성공한 상위 집단만을 평등의 표본으로 잡는 것은 온전한 평등의 모습이라고 말할 수 없으니까 말이다.

평등에 대해 온전히 논의하려면 먼저 왜 대부분의 남성이 상위 1퍼센트가 되었는지에 대한 면밀한 분석과 이해가 선행되어야 한다. 조던 피터슨은 대부분의 남성이 상위 1퍼센트를 차지하는 현상을 두고 '남성성의 특성'이 만들어내는 결과라고 말한다. 자신의 생명을 깎아가면서까지 경쟁에서 이기려고 하는 것은 남성성, 즉 '남성호르몬'의 특징이라는 것이다. 물론 이러한 남성호르몬은 여성의 체내에도 흐른다. 실제로 남성호르몬에 영향을 많이 받는 사람은 경쟁을 즐기고 큰 리스크를 감수하려고 하는 반면, 그렇지 않은 사람은 경쟁보다는 조화를 선택하는 경향이 있다고 한다. 우리가 태아일 때 남성호르몬의 영향을 많이 받으면 두 번째 손가락보다 네 번째 손가락이 길어지고, 여성호르몬의 영향을 많이 받으면 네 번째 손가락보다 두 번째 손가락이 길어진다고 한다. 남성호르몬의 영향을 많이 받은 여성은 강한 경쟁심과 승부욕을 보일 경향이 높고, 여성호르몬의 영향을 많이 받은 남성은 경쟁보다는 조화를 중시하고 상대를 보살피며 보다 잘 공감하는 경향을 보인다.

이러한 내분비학적 사실을 전혀 고려하지 않은 채 여성학은 지난 40년 동안 오직 사회구조라는 프레임을 통해서만 세상을 보아왔다. 이들에게는 생물학과 내분비학 역시 그저 남성이 만들어낸 '변명'에 불과하며 사회적 위계질서를 고착화하려는 '음모'이자 지배를 위한 '도구'에 지나지 않기 때문에 과학적 전제를 부정하는 것으로 대화의 장을 무너뜨리기도 한다.

오늘날 젊은 남성은 그들이 정작 가져본 적도 없는 가부장적 권력에 대한 책임을 져야 한다. 그러다 보니 자신이 가진 본연의 남성성을 유해한 것으로 보아야 하는 이상한 상황에 처해 있다. '남성성의 위기'란 이렇게 찾아왔다.

새로운
대한 오해

4

4. 성별에 대한 오해

대부분 강력 범죄의 가해자는 남성이다. 2019년 미국 살인죄의 성별 분포[1]를 보면 가해자가 남성인 경우가 1만 335건, 알 수 없는 경우가 4천 502건, 여성인 경우가 1천 408건으로, 여성보다 남성이 가해자인 경우가 많다. 남성호르몬의 주요한 특징인 공격성, 공감 능력의 부족, 충동 조절의 어려움 등과 같이 남성성이 지니는 단점을 보완하기 위해 새로운 사회제도와 교육제도를 도입해야 한다는 목소리가 커지고 있다. 미국에서는 적지 않은 수의 학교에서 이미 '남자아이'의 활발함이 제재 대상이 되고 있다. 피구를 금지시키거나 활발히 뛰어놀지 못하게 교칙을 세우고 있다. 한마디로 많은 것들의 기준이 얌전한 '여자아이'에 맞추어지고 있는 것이다. 그러면서 성폭력, 전쟁, 학살, 약탈 등 대부분의 재앙을 남성성과 결부해 남성성의 가치를 폄하하는 움직임이 거세지고 있다. 남성성을 약화시키는 것을 목표로 가치와 제도가 재정립되고 있는 현실이다.

그러나 모든 것에는 양면이 있다. 남성성을 억제하는 어젠다를 밀어붙이는 사람들은 전쟁을 끝내고 범죄를 막는 것도 남성성의 일부라는 것을 받아들이려고 하지 않는다. 남성성 자체를 죄악시하느라 전체에 대한 이해를 시도하지 않는 것이다.

건강한 사고를 지닌 남성은 사회 질서를 유지하기 위해 힘쓰고 집단의

---

1   *Number of murder offenders in the United States in 2019, by gender* (2021) 출처: www.statista.com

번영을 위해 노력한다. 이것이 건강한 남성성 이다. 이러한 건강한 남성성에 대한 존중은 온데간데없이 그저 악으로 대표되는 많은

범죄와 전쟁을
예로 들어 남성성
자체를 폄하하기
시작한다면,
즉 남성성
자체를 부정하고
거세하려
들기 시작한다면,
우리 사회는

병리적 퇴행의 길에 들어설 수밖에 없다. 이를 막기 위해서라도 남성성에 대한 오해를 반드시 바로 잡아야만 한다.

먼저 남성성이 사회구조에서 비롯된다는 생각에서 깨어나야 한다. 남성성이란 사회가 부여한 일종의 고정관념으로, 남자는 이래야 한다는 암묵적인 합의와 역할 부여에 의해 지금의 남성성이라는 개념이 형성되었으므로 사회구조를 바꿈으로써 남성성을 교정할 수 있다고 믿는 생각 말이다. 그래서 교육과 캠페인을 통해 고전적인 남성성을 제거하고 고정관념을 없애면 남성성으로부터 자유로워질 수 있다는 생각 말이다. "남자는 남자다워야 한다, 남자는 울면 안 된다, 남자는 강해야 한다, 남자가 리드해야 한다, 남자는 상대를 책임질 줄 알아야 한다, 남자는 가정을 책임져야 한다, 남자는 자신이 소중하게 여기는 것을 지켜내야 한다, 영웅이 되어야 한다, 전사가 되어야 한다"처럼 남자를 향한 모든 기대가 미디어를 통해 과장된 것이며 그러한 사회적 인식 때문에 남성성에 대한 관념이 고착화되었다는 주장 말이다.

고착화된 남성성을 깨부수기 위해 영화나 광고를 비롯한 많은 매체에서 변화를 시도하고 있다. 대표적인 것이 미국의 질레트 광고[2]이다. 유튜브에서 압도적인 비율로 '싫어요'를 받은 이 영상은 유해한 남성성을 제거한다는 콘셉트로 지금껏 각종 매체를 통해 불필요하게 과장돼온 남성성을 제거한다는 내용, 구체적으로는 남성의 불필요한 털을 제모해야 새로운 시대를 맞이할 수 있다는 내용을 광고에 담았다. 직장 내에서 성희롱을 하는 남자, 텔레비전 시리즈에서 성희롱을 하는 남

---

2 유튜브 채널: Gillette
영상 제목: We Believe: The Best Men Can Be | Gillette (Short Film)

자, 길거리에서 여성에게 말을 거는 남자 등의 모습을 보여주며 남성성 일괄에 대한 거세 의식을 광고로 표현했다.

하지만 남성성은 사회구조에서 비롯된 것이 아니다. 오히려 그 반대다. 오늘날 사회구조는 바로 남성성과 여성성이라는 인간의 본래적 특성에 의해 발달해온 것이다. 미디어를 통해 과장된 부분은 분명히 있으나 남성성의 유래가 100퍼센트 사회구조에서 비롯한다는 것은 잘못된 주장이다.

남성성은 결코 나쁜 것이 아니다. 유해한 것도 아니다. 오히려 그 자체로 받아들

이고 존중하며 자랑스러워 해야 할 멋진 특성이다. 가족을 위해 희생하는 아버지의 모습, 나라를 지키는 군인의 모습, 불의에 항거하는 청년의

모습, 이 모두가 훌륭한 남성성의 대표적 모습이다.

기사도를 발휘할 때 남자는 더욱 많은 쾌락을 느낀다. 도파민이 더 많이 분비되기 때문이다. 이러한 행동은 사회구조보다 원초적인 차원에서 남성에게 장려된 것이다. 사회적으로 높은 지위에 올랐을 때, 경쟁자를 이겼을 때, 남성의 몸에는 여성보다 훨씬 더 많은 보상 호르몬이 분비되는데 이로 인한 만족감이 남성을 더욱 진취적이고 경쟁적이게 만든다. 즉, 남성성은 원시 부족사회에서부터 이어진 남성의 역할이 지금까지 이어져온 것이지, 지배 계층이 권력을 공고히 하기 위해 인위적으로 부여한 역할이 아니며 사회구조적 음모 또한 아니다.

남성을 여성의 적으로 만드는 것은 가상의 적을 설정해 투쟁의 서사를 만드는 손쉬운 방법이므로 많은 이권 단체들이 제 입맛에 맞게 남성성에 대한 혐오를 촉진시키고 있다. 그 결과, 지금 젊은 남성은 생물학적 남성이라는 이유로 쉽게 가해자가 되는 세상에서 유례없는 불안과 혼란을 겪고 있다.

법체계를 보면 사회적 약자라 일컬어지는 여성이 어떻게 느꼈느냐가 판결의 기준이 되었다. 페미니즘의 진영에서 나온 '시선 강간'이라는 신조어는 차치하더라도, 전반적인 판결이 여성이 느끼는 불편함과 피해를 기준으로 이루어지기 때문에, 양육권 분쟁, 성추행 및 성폭행, 기타 남녀 간에 일어나는 법적 공방에서 억울함을 호소하는 남성의 목소리가 점차 늘어나고 있다. 공정해야 할 '법'이 계량화할 수 없는 '감정'의 영역에 의해 흔들리기 시작했다. 여성을 사회적 약자로 보는 흐름이 법의 공정성을 침해하고 있다.

성범죄는 아주 무거운 형량과 함께 강력히 처벌되어야 마땅하다. 개인의 권리를 침해하는 어떤 행위보다 가장 악랄하고 비겁하며 파괴적이기 때문이다. 또한 피해자에게 치명적인 상처를 주고 평생에 걸쳐 회복할 수 없는 트라우마를 남기기도 한다. 그러나 이것이 기존의 법체계를 무너뜨리면서 용의자를 처벌해야 한다는 데에 정당성을 주지는 않는다. 법이 엄격하고 형량이 무거울수록 법원의 판결은 신중하고 정당해야만 한다. 그래야 무고한 피해자가 발생하는 것을 막을 수 있다.

그러나 성범죄와 관련해서는 미국 대부분의 주에서 '유죄추정의 원칙'을 실시하고 있을 정도로, 점차 물증 없이 피해자의 진술만으로도 상대를 가해자로 만들 수 있는 환경이 되어가고 있다. 이에 대해서 피해자를 향한, 특히 여성을 향한 공감, 동정, 연민이 치밀하고 냉정해야 하는 법의 영역까지 도달하게 되었다는 해석도 존재한다. 이권 단체들은 '성인지 감수성Gender sensitivity[3]'등의 개념어를 만들어 평등과 개혁이

---

3   본래는 타인의 기대와 반응에 의해 성 역할을 인지하고 습득해나가는 과정을 뜻하였으나, 현재는 성차별적 요소를 민감하게 감지해내는 능력으로 뜻이 변하였다.

라는 명목하에 관련 어젠다들을 몽땅 사회적 이슈로 부각시켰다. 마케팅에 성공한 것이다.

페미니즘 진영의 급진주의자들은 남녀 간 성관계 전에 반드시 '성관계 합의서'를 작성해야 한다고 주장한다. 남자와 여자의 성적 의사소통은 상당 부분 보디랭귀지와 같은 비언어적 방식으로 이루어진다. 그런데 이들은 상호 성적 긴장감이나 비언어적 의사소통보다 성관계에 있어 무조건 '언어적 상호 합의'가 이루어져야 한다고 주장한다. 상호 합의는 두말할 필요 없이 당연하지만 언어적 상호 합의라는 것이 말처럼 간단하지는 않다. 특히 언어적으로 상호 합의가 제대로 되었음을 증명하기 위해 성적 행위를 하기 전에 항상 녹음이라도 해야 할까? 실제로 '성관계 합의서'라는 양식이 존재하며 구글에 검색하면 해당 양식을 쉽게 찾아볼 수 있다. 성관계를 맺어본 사람이라면 이것이 남성과 여성 모두에게 얼마나 부자연스러운 방법인지 짐작할 수 있을 것이다. 성범죄를 비롯해 원치 않는 성관계를 막기 위한 최소한의 방법으로 이런 걸 마련해야 하는 것일까? 여성들의 보편적인 선호도를 떠나 성범죄를 확실히 예방하기 위해 신청서 작성을 의무화한다고 가정할 때 실제로 성관계 전에 하나하나 합의 사항을 따져가며 서류를 작성한 뒤 성관계를 가질 남녀가 과연 얼마나 될까? 이러한 어젠다가 아무리 터무니없어 보인다 해도, 적지 않은 사람들에게 공감과 지지를 받고 있는 것이 지금의 현실이다.

나는 남성과 여성이 조화를 이루어야 한다고 생각한다. 논의의 목표는 거기에 있다고 생각한다. 각자가 느끼는 불평등과 불편함은 불완전한 사회적 구조에서도 발생하지만 남성호르몬과 여성호르몬이 만들어내는 질서이기도 하다. 성차별과 젠더 간 불평등이 존재하지 않는다는 것이 아니다. 이는 과거에도 존재해왔고 지금도 완벽히 해결되지 못했다.

그런데 과연 페미니즘과 같은 '이념'이 남녀 간, 젠더 간 불평등 해소에 정말 큰 기여를 했을까? 역사적으로 살펴보면 인권 신장이 드라마틱하게 이루어진 것은 '이념'이나 '사상'보다 '기술'의 발전 때문임을 알 수가 있다. 자연에 압도돼 적응된 전통적 성 역할이 부당하게 느껴진다면, 그것은 지금 우리가 세탁기와 설거지, 요리와 청소 같은 집안일을 너무나 쉽게 해내서 그런 것임을 알아야 한다. 많은 노동력을 필요로 했던 온갖 가사 노동이 기계의 발명과 기술의 발전으로 사라지면서 여성의 사회적 진출, 교육, 인권 신장이 일어나게 된 것이다. 그리고 무엇보다 피임의 발명만큼 여성의 인권 신장에 크게 기여한 것은 없을 것이다. 출산과 양육의 부담을 덜게 되어 남녀가 동등히 사회적으로 경쟁할 기반을 다질 수 있게 된 것이다.

이러한 이야기를 받아들이는 게 아직도 거북하기만 하다면, 지긋지긋하게 싸우고 있는 남자와 여자를 예로 들지 말고, 오로지 여자만 존재하는 사회를 상상해보자. 야생에 근육이 발달하고 공격성과 경쟁심이 다분한 여성들이 존재했다. 이들은 비교적 뛰어난 육체적 능력을 이용하여 동물을 사냥했고, 밤에는 맹수로부터 집단을 보호하기 위해 자신들의 힘을 더욱 강하게 키웠다. 반면 공격성과 경쟁심이 앞서 말한 여성들보다는 덜하지만 집단 안에서 중재자 역할을 하며 정서적 안정을 주고 대화와 공감으로 친밀감을 조성해 집단의 존속에 기여하는 여성들도 존재했다. 이들은 연약한 아이들을 잘 보호하고 또 집단에 잘 적응할 수 있도록 교육했다. 여성들로만 이루어진 집단 안에서 효율적 역할 분담이 일어났다. 각자가 가진 능력이 다르지만, 역할 분담으로 이 집단은 더욱 번성하며 안정된 삶을 꾀할 수가 있는 것이다. 물론 야생에서 맹수에게 공격을 당하거나 충분한 단백질을 얻지 못하면 집단의 존속에 문제가 생기기 때문에 사냥꾼 여성들이 조금 더 우대를 받게 되었다. 사냥하다 죽을 수도 있고 또 상처를 입어 전투에 나가지 못하면 집단에 큰 피해를 주기 때문에 그만큼 더 큰 긴장감을 느끼며 괴로워하기도 했다. 자연에 압도되던 시절의 사회구조는 이렇게 단순한 모습을 띨 수밖에 없었다. 야생 부족의 사회구조는 강한 여성들이 자신의 권력을 유지하고 횡포하게 굴기 위한 수단으로 만들어진 게 아니다.

사회구조는 종족의 특성과 필요에 의해 발달한다. 물론 종족 내에서도 권력 다툼과 부정부패가 일어날 수 있다. 그러나 '유리 천장'이나 '기울어진 운동장'처럼 언제나 음모에 의해 사회구조가 발달해온 것은 아니다. 남자건 여자건 수많은 경쟁을 통해 피를 흘리며 부의 정점에 오른 사람 중에 자신의 자리를 흔쾌히 내어줄 수 있는 사람이 도대체 어디 있단 말인가? 그토록 대단한 배려심과 이타심을 가진 사람이라면 우선 정점에 오르기도 힘들다. 게다가 자신의 지위를 지키고자 하는 것은 누구나 가지는 욕구이다. 백인 남성이 비밀 결사를 만들어 여성은 부의 계층에 못 오르게 한다는 것은 말도 안 되는 소리다.

100대 부자 중 93명이 남자인 것은 음흉한 시스템 때문이 아니다. 그것은 자유경쟁을 통해 나온 결과일 뿐이다. 수면 시간을 줄여가며

일하면서 자신을
죽음으로 내몰
각오를 한 사람들
대부분이 남성이
며, 그러한 경쟁에
뛰어들어 1퍼센트
의 부와 권력을
가지는 것도,
자살을 하거나

감옥에서 생을 마감하는 것도 대부분 남성이다.

사회구조주의에 홀린 많은 사람들은 지배 계층의 억압이라는 개념에 언더도그마[4]식 판타지를 느끼기에, 남성성과 여성성이 지니는 본질적인 차이는 전혀 고려하지 않은 채 오직 피해자의 드라마에만 흠뻑 취한다. 하지만 사회구조 이전에 인간의 본성이 있다.

물론 남자와 여자는 비슷한 점이 많다. 하지만 완전히 같지는 않다. 생식기의 모양부터 다르다. 이것만으로도 구애의 방식이 달라진다. 사춘기 때 폭발하는 호르몬의 차이도 어마어마하다. 여성의 혈액에 흐르는 테스토스테론의 양은 남성의 혈액에 흐르는 테스토스테론의 약 8퍼센트에 그친다. 경쟁에서 상대를 눌렀을 때 분비되는 테스토스테론과 도파민의 양은 일반적으로 여성보다 남성이 훨씬 많다. 이것이 내분비학이다. 사회구조론자들이 줄곧 외면하는 과학이다.

---

4   약자는 선하고 강자는 악하다는 맹목적인 생각. 권력이나 힘을 기준으로 선악을 판단한다.

과학이 전부는 아니다. 사회구조 신봉론자의 말처럼 과학 역시 대부분 남성이 연구해낸 것이다. 하지만 권위 있는 통계나 연구를 전혀 인정하지 않으면서 우리가 얻을 수 있는 것이 대체 무엇이란 말일까?

권위와 위계질서를 무너뜨리는 급진적 사상은 함께 통찰해야 할 수 많은 과학적 전제들을 마치 하찮은 종잇조각인 양 불태워버리고 있다. 권위가 무너지는 오늘날에는 동류의 이념을 지닌 사람들끼리 응집해 과학보다 강력한 힘을 키우고 있다. 30년간 해당 분야를 연구한 교수보다 1년간 트위터 활동으로 인지도를 모은 '소셜 저스티스 워리어 Social justice warrior, SJW[5]' 같은 학생들이 미디어에 더 큰 영향력을 행사한다. 캔슬 컬처Cancel culture나 정치적 올바름Political correctness 등을 무기로 자신의 신념을 독선적으로 강요하는 행태가 해당 학문 권위자의 연구보다 더 많은 사람들의 관심을 받고 있다.

그렇다면 정치적 올바름이란 과연 무엇일까? 왜 이 단어가 이토록 많은 이슈를 몰고 오게 된 것일까? 진보 지식인 스티븐 프라이Stephen Fry[6,7]의 말처럼 어떻게 정치적 올바름은 우파 신병을 키우는 하나의 사회적 현상이 될 수 있었던 것일까?

나는 이러한
흐름과 경향을
유튜브로 풀어
보려 마음먹었다.

5　급진적 좌파 가치관을 주장하는 청년들. 대학가 시위나 트위터 타임라인을 활용해 PC주의적
　어젠다를 표출한다.

6　　영국의 코미디언. 동성애자이며 저명한 진보주의자지만 2018년에
　조던 피터슨과 함께 정치적 올바름을 비판하여 많은 사람들을 놀라게 했다.

7　유튜브 채널: TheMunkDebates
　영상 제목: Munk Debate on Political Correctness - Pre-Debate Interview
　with Stephen Fry

오늘날 젊은이들에게 '정치적 올바름'이란 생소한 개념이 아니다. 인종과 성별, 종교, 성적 지향, 장애, 직업 등과 관련해 소수 약자에 대한 편견이나 차별적 요소를 인위적 개입을 통해 해소하려는 모든 정치적 움직임을 'Political Correctness, PC', 우리말로는 '정치적 올바름'이라고 한다.

2010년대에 들어서면서 크게 인기를 끈 'TVFilthyFrank'라는 채널이 있다. 채널의 주인공인 조지는 정치적인 인물이 아니다. 코미디 스케치를 통해 사회를 풍자하거나 조롱하는데, 그가 만드는 콘텐츠가 곧 '안티PC'라 할 정도로, 정치적 올바름에 대한 비판이 콘텐츠의 대부분을 차지한다. 당대 인기를 끈 다른 유튜버들을 보아도 알 수 있다. 'iDubbbzTV'의 이안 카터, 'H3H3productions'의 이단 클라인 등, 모두 500만 명 이상의 구독자를 보유하고 있으며 인기 콘텐츠는 수천만 뷰를 기록하는 전설의 유튜버. 이들은 좌파도, 우파도 아니다. 단지 2010년대 들어 부상한 '정치적 올바름'에 대한 사람들의 불만이 유튜브를 통해 표출된 것뿐이다. 이들 채널의 시청자는 대부분 남성으로, 정치적 올바름을 기조로 하는 'BuzzFeed' 채널의 대부분의 시청자가 여성인 것과는 확연히 대조된다.

도대체 왜 정치적 올바름에 대한 남성과 여성의 입장이 이렇게나 다른 것일까? 정치적 올바름이라는 것이 각 성별의 권익에 직접적인 영향을 주기 때문일까? 아니면 3세대 페미니즘[8]이 정치적 올바름을 주요 도구로 쓰고 있기 때문일까? 페미니스트는 정치적 올바름을 통해 세상이 좋은 쪽으로 바뀌어왔다고 주장한다. 여성을 혐오하는 단어, 문화, 사회적 관습을 타파하기 위한 PC주의의 교조적 흐름이 사회구조의 모순을 해결했다고 주장한다.

그러나 적지 않은 사람들이 이러한 흐름에 쉽게 동조하지 않는다. 남성의 권익에 해가 가서일까? 소수자를 우대하면서 발생하는 개인의 손해를 더 이상 참을 수가 없어서일까? 여러가지 이유가 있지만 가장 큰 원인은 PC주의자들의 강압적이고 인위적이며 때로는 폭력적이기도 한 행태에 있다. 이러한 사회 정의 투사들은 비명을 지르거나 소리를 지르며 자신의 교조를 통해 급진적인 사회적 변화를 촉구한다. 물론 온건한 형태의 PC주의자도 존재하지만, 극렬한 일부 집단은 불만, 피해 의식, 신념에 대한 맹목적인 아집에 빠져 대화나 토론보다는 강압, 억압, 캔슬 등 상대를 설득시키기보다는 발언을 억제하는 태도로 일관한다.

대부분의 사회적 평등, 가치관의 변화, 인식의 개선은 기술의 발달과 인간 품위에 관한 고찰을 통해 만들어온 것이지 비명과 혐오로 이루어온 것이 아니다. 무엇보다 정치적 올바름은 모두가 동의할 수 있는 절대적 기준을 제시할 수 없다는 명확한 한계를 안고 있기 때문에 올바름의 권력을 특정 집단에게 부여해서도 안 된다.

---

8 90년대 중반부터 일어난 페미니즘 운동. 6~70년대에 태어난 X세대를 기반으로 전개되었다. 참정권, 법적 기본권, 임금 평등법 등을 목적으로 했던 과거 운동과는 달리 계급, 인종, 문화 등 보다 확대된 범주의 성 문제에 대해 관심을 가진다.

여기서 말하는 특정 집단이란 바로 '정체성 정치Identity politics' 운동을 펼치는 집단을 말한다. 이들은 '집단 정체성Group identity'을 내세운다. 집단 정체성 자체가 나쁜 것이 아니다. 개인마다 특성이 다르듯이 저마다 소속 집단을 통해 본연의 정체성을 확립해나갈 수 있다. 흑인이면 흑인이라는 정체성, 여성이면 여성이라는 정체성처럼 말이다. 하지만 모든 사람들이 소속 집단이 가지는 정치적인 특색이나 그 대의에 동의하지 않을 수도 있다. 무엇보다 집단 정체성이 만들어내는 일종의 '피해 의식'에 잠기고 싶어 하지 않는 사람들도 존재한다. 힙합 스타 릴 웨인Lil Wayne9은 역사의 피해자라는 피해 의식에 자신을 가두고 싶어 하지 않는다. 이념 집단은 개인의 개성보다 집단의 정체성, 목적, 가치를 더 중요시한다. 그러한 집단의 암묵적인 규율과 사상에 동의하지 않으면 그 집단으로부터 도리어 소외되기도 한다. 실제로 릴 웨인은 같은 흑인들에게 미움을 받기도 했다.

개인은 개인으로서 존중되어야 한다. 집단의 이념과 이익에 희생되어서는 안 된다. 개인으로서 모든 것에 책임을 질 수 있어야 한다. 내가 여성이고 흑인이더라도 여성의 정체성과 흑인의 정체성을 가지고 있지 않을 수도 있다. 내가 한국인이라고 해서 한국을 대변하는 생각과 정서만 가져야 하는 것은 아니다. 마틴 루터 킹은 자식들이 피부색과 상관없이 사고하고 대우받기를 원했다. 하지만 지금 대부분의 흑인 인권 운동가들은 흑인이라는 정체성을 필두로 누구보다 인종을 중요시 여기고 있다. 인종을 초월한 개인적 사고, 개인의 책임감, 개인의 성장과는 멀어지고 있는 셈이다.

여성이라는 정체성 역시 마찬가지이다. 페미니즘이 지니는 가장 큰 문제는 그 안에 암묵적인 규율과 경직된 행동 강령이 존재한다는 것이다. 내가 여성이지만 역사의 피해자나 성차별의 희생자라고 생각하지 않을 수도 있다. 그것이 어떤 개인의 성장을 가로막는다면, 진정한 진취적 진보에 해가 된다면 자신을 굳이 페미니즘이라는 집단 정체성에 귀속시킬 필요는 없다. 모든 개인에게는 그러한 자유가 존중되어야 한다.

세상 모든 사람이 피해자이고 희생자이다.

9 미국의 랩 가수. 불우한 가정환경과 어려운 경제적 여건 속에서도 학업에 충실했으며 데뷔 앨범 발매 후 빌보드 차트를 석권하며 최고의 힙합 가수로 손꼽히고 있다. 불법총기소지죄로 8개월 간의 복역을 마치고 수감 일기를 책으로 출간하기도 했다. 흑인 인권 운동에 비판적인 입장을 취해 이슈가 되었다.

식민 지배를 받지 않은 인종은 없다. 남자든 여자든 각자가 대처해야 할 수많은 불평등을 마주 하며 살아간다. 집단 정체성에 사로잡혀 피해

의식에 젖어
있을지, 스스로를
주체적인
개인으로 여기고
어려움 속에서도
성장해나갈지,
그것은 오직
나 자신의 선택에
달려 있다.

달콤한

5

앙톤

5. 달콤한 냉소

인간에게는 성장하려는 욕구가 있다. 우리가 게임을 좋아하는 이유도, 스포츠를 사랑하는 이유도, 사업을 벌이는 이유도 모두 성장이 즐겁기 때문일 것이다. 또한 인간은 목표지향적인 동물이다. 목표로 설정한 사냥감을 향해 달려나갈 때 흥분과 긴장, 행복을 느낀다. 현대사회에서도 마찬가지다. 목표하는 것이 있을 때 살아 있음을 느낀다. 좋은 대학, 매력적인 이성, 안정된 가정, 자식의 행복 등 눈에 띄게 활력을 보이는 사람들은 저마다 뚜렷한 목표를 하나 이상 가지고 있다. 목표 의식은 개인을 성장시킨다. 때로는 기대를, 때로는 불안과 걱정을 연료 삼아 앞으로 나아가게 만든다.

하지만 오늘날 목표 의식을 갖고 살아가는 청년은 그리 많지 않은 것 같다. "해봤자 안 돼", "노력만 가지고는 불가능해", "열심히 해봤자 출발선이 다르니 경쟁에서 이길 수 없을걸"처럼 밀레니얼 세대와 주머 Zoomer 세대는 뚜렷한 목표 의식을 갖기보다는 허무와 냉소에 빠져 사는 것처럼 보인다. 절대적 빈곤에서는 벗어났지만 빈부 격차가 더욱 심해지고 또 SNS를 통해 노골적인 비교가 시시각각 일어나면서 많은 청년들이 상대적 박탈감과 함께 세상에 대한 불만을 느끼며 살고 있다.

이러한 상황에서 정치적 올바름, 페미니즘, 약자를 대표한다는 정체성 정치는 달콤한 묘약처럼 느껴진다. 함께 고통을 호소하고, 아픔을 공감하며, 또 급진적인 사회 변화를 촉구해 희망을 주는 듯하기 때문에 많은 청년들이 자신의 열등감과 나약함, 부족함을 사회의 불완전성에 투영시키고, 고통스러운 개인의 성장보다는 동질감을 주는 집단의 아이덴티티에 취해 자신의 청춘을 소모하고 있다.

세상을 바꾸는 듯한 짜릿함,

집단이 주는
소속감, 세상의
진짜 이치를 안 것
같은 우월감 등
남을 일깨우고자
하는 이들의
심리에는 교만함,
지나친 자기애,

무엇보다 싸늘한 냉소가 깔려 있다. 냉소의 힘은 파괴적이다.

냉소적인 사람은 존중, 배려, 존경을 비웃는다. 성공한 사람을 보아도 부정적인 면을 우선 찾으려 한다. 사람뿐만이 아니다. 사회가 안정을 이룰 수 있도록 점차 발전해온 제도와 관습과 전통을 '악'으로 간주하고, 아직 제대로 정립되지 않은 미숙하고 혼란스러운 가치를 획기적이라는 이유로 추구해야 할 '선'으로 여긴다. 가파르고 높은 산을 오르는 방법에는 한 걸음 한 걸음 열심히 노력해 오르는 방법도 있지만, 산 자체를 무너뜨려 정상을 낮추는 방법도 있기 때문이다.

보편적 가치 체계와 위계질서를 지금 당장 무너뜨려 얼핏 모두가 평등해 보이는 혼돈의 상태를 만들고자 하는 움직임이 나타나고 있음을, 오늘날 미국의 캠퍼스를 보면 알 수 있다. 교수에게 집단 공격을 가하는 SJW[1] 학생들, 보수 논객에게 화염병을 던지는 안티파시스트[2] 학생들, 자신과 다른 입장을 지닌 사람에게는 발언권조차 주지 않으며 노골적인 공격을 가하는 학생들은 그 어떠한 권위에도 존중을 표하지 않는다.

존중을 표한다는 것은 가치와 위계를 인정하는 것이다. 그리고 자신도 그 길을 묵묵히 따르거나 따르지 않더라도 적어도 하나의 방도로 인정하는 것이다. 그러나 가파른 산을 오르는 방법을 예로 든 것처럼, 현존하는 사회 질서를 존중하며 위계질서의 꼭대기에 오르는 일은 결코 쉽지 않다. 시간도 오래 걸리며 숱한 경쟁을 이겨내야 하고 자칫 실수하면 금방 뒤쳐진다. 승자로 향하는 길은 절대로 간단하지도, 쉽지도 않다. 스트레스의 연속이다. 사회 경험이 부족한 젊은이들, 특히나 학생들에게 이 험난한 길은 고리타분해 보이고 또 무척 힘들어 보인다. 기득권층이 견고히 지켜온 위계질서를 따르고 싶지도 않다. 답답한 문화를 견디고 싶지도 않다. 반면 급진적인 사상은 비교할 수 없을 만큼 마음에 든다. 위계질서가 없는 사회를 요구하는 급진주의는 나의 변화보다 사회의 변화를 요구하므로 나는 노력하지 않아도 되는 사회를 말하니까.

그러나 달콤한 유토피아는 없다. 내가 노력하지 않으면 어떤 것도 변하지 않는다. 집단의 그림자에 숨어 어떠한 책임도 지지 않고, 시위라는 이름으로 폭력을 일삼더라도 세상은 그렇게 급진적으로 변화하지 않는다. 인간에게는 조그만 어린아이에게조차 밖으로부터 시작하는 모든 것에 저항하려는 본능이 있기 때문이다.

결국 나로부터 시작해야 한다.

---

1 조던 피터슨에게 집단 공격을 가한 이들로 인해 도리어 조던 피터슨이 유명해졌다.

유튜브 채널: 44
영상 제목: The Video Which Made Jordan Peterson Famous

유튜브 채널: StudioBrule
영상 제목: SJW mob shouts down Jordan Peterson at McMaster University

2 안티파Antifa라고 불리는 극좌파 집단. 보수 인사가 대학에서 연설을 하지 못하도록 방화를 하는 등 급진적인 사회 변혁을 위해 폭력도 서슴지 않는다.

유튜브 채널: Wall Street Journal
영상 제목: Violent UC Berkeley Protests Force Cancellation of Breitbart Writer's Talk

사회구조나 제도,
권위와 위계를
변화시키고
싶으면 내가
먼저 변해야 한다.
불평과 불만
보다는 감사하는
마음을 가지며
성공한 사람을

존경할 줄 알아야 한다. 남을 비난하고 사회구조를 탓할 시간에 스스로 성장하기 위해 하지 않았던 노력을 해야 한다.

많은 것이 공정해지고 공평해졌다. 그럼에도 밖을 탓한다면 그것은 핑계에 불과하다. 지루한 노력과 고통스런 경쟁을 감수할 준비가 되지 않은 것뿐이다. 우리는 어른으로 성장해야 한다. 스스로의 실패와 성공에 모든 책임을 져야 한다. 권리만을 주장하며 나약함 속에서 살면 안 된다. 내가 가진 불편함과 불평등에만 집중해 반성과 성장의 기회를 놓쳐서는 안 된다. 불평불만에 빠져 시간을 흘려보내고 나면 남는 것은 자신과 세상을 향한 분개심뿐이다. 집단의 대의 뒤에 숨어 허비한 시간은 누구도 보상해주지 않는다. 책임은 온전히 자신에게 있기 때문이다.

그러므로 내 안에서부터 시작해야 한다. 나는 스스로 변화하기로 결심한 지 고작 1년 정도밖에 되지 않았다. 나는 격렬한 시위에 참가한 적도 없고 집단에 소속돼 비난과 냉소에 젖었던 적도 없지만, 심각한 허무주의에 꽤 오래 잠식돼 있었다. 경쟁이 싫었고, 내가 이기기 위해서 누군가는 져야 하는 시스템도 싫었고, 나보다 잘난 사람을 볼 때 느껴지는 질투의 감정도 너무나 싫었다. 이러한 감정을 느끼게 하는 이 사회가 무척 역겹게 느껴지기도 했다. 경쟁을 하지 않아도 되는 세상, 질투를 하거나 받지 않아도 되는 세상, 모두가 승자가 되는 세상, 그러한 세상을 원하면서 나도 모르게 평등에 대한 강박에 오래도록 사로잡혀 지냈다.

가난에 대한 불만,
성별에 대한 불만,

빈부 격차에 대한 불만, 나아가 사회에 대한 불만, 기성세대에 대한 불만, 기득권층에 대한 불만, 제도에 관한 불만⋯.
온갖 불평과 불만 속에서 살다 보니

내가 열심히 살아야 할 이유를 도저히 찾을 수 없었다.

잘못된 사회에서 노력해봤자 성공할 가능성은 거의 없고, 잘못된 사회에서는 성공도 의미가 없다고 생각했다. 사회가 변화해야 한다고 생각했다. 사회구조가 바뀌면 치열하게 경쟁하거나 노력하지 않아도 다함께 잘 살 수 있는 평등한 사회가 이루어질 것이라 생각했다.

이러한 생각을 정도의 차이만 바꾸면서 학창 시절부터 약 10년간 계속했던 것 같다. 다행인지 불행인지 정치에는 큰 관심이 없어 특정 집단에 소속되거나 사상에 심취하지 않았지만 나 자신을 위해 성장하고자 하는 마음 역시 없었다. 취직, 창업, 사소한 자기 계발 하나에도 관심을 갖지 않았다. 나는 질투도, 경쟁도 없는 세상, 일종의 허무주의에 빠져 있었다. 삶에 아무런 의욕도, 의미도 없는 그러한 세상. 모두가 행복만을 원하는 세상. 쾌락만을 좇는 일상. 그것이 내가 생각했던 허무주의의 종착점이자 폐허라고 할 수도 있을 것이다. 결국 왜 사는 거지? 왜 남을 이겨야 하지? 그냥 다 똑같이 잘 살면 안 될까? 돌이켜 보면 나는 인간 본성에 대한 이해가 부족했다. 인간을 포함한 모든 살아 있는 존재는 경쟁을 통해 성장한다는 것을, 불합리해 보이는 위계질서가 실은 세상에서 가장 원론적인 효율성을 지닌다는 사실을 나는 알지 못했다.

좋은 노래를 듣고 싶은가? 우리는 매년 발표되는 수십만 곡의 노래 중, 치열한 경쟁을 뚫고 나온 몇백 곡의 노래만 듣고 있다. 좋은 영화를 보고 싶은가? 우리는 매년 제작되는 수많은 영화와 연극 중 마케팅과 평단, 흥행에 성공한 우수한 몇몇 작품만 보고 있다. 지방 극장에서 하는 아마추어 극단의 연극을 보기 위해 대중은 굳이 움직이지 않는다. 진정한 평등을 위해서라면, 위계질서가 지긋지긋하고 경멸스럽다면 이제부터 인디 시장에서조차 발굴되지 못한 무명 가수의 노래만 찾아서 듣고, 영화제 출품이 거절된 무명 감독의 아마추어 영화만 골라서 보고, 서점 구석에 놓인 채 아무도 손을 대지 않는 무명 작가의 책만 골라서 읽어야만 한다. 그런 사람이 많아지면 사회에서 경쟁력이 없는 비주류 콘텐츠를 제작하더라도, 능력이 없더라도 많은 사람들이 공정하게 돈을 받고 평등한 삶을 누릴 수 있을 것이다.

　하지만 일부러 그러한 노력을 기울이는 사람은 드물다. 수많은 클래식 작곡가 중 우리가 역사적으로 아는 인물은 손에 꼽힌다. 역사적으로 유명한 작곡가의 곡조차도 우리가 아는 곡은 손에 꼽히는 정도다. 이것이 바로 '파레토 법칙³'이다. 위계질서는 효율을 추구한다. 모든 경쟁에 승자와 패자가 있기 때문에, 사람들은 이기기 위해 노력을 하게 되며, 그 노력에 의해 기술은 발달하고 예술은 다듬어진다. 그렇게 문화가 발전해왔다.

누가 무엇을 해도 결과가 같다고 가정해보자. 이를 '결과의 평등'이라고 한다. 내가 아주 형편없는 음악을 만들었다. 하지만 모든 사람들이 좋아하는 멋진 음악을 만든 사람과 동등한 결과가 주어진다고 하면 음악이 발전할 수 있을까? 멋진 음악을 만든 사람이 이를 견뎌낼 수 있을까? 경쟁에서 이긴다는 것은 자신의 예술성이 대중에게 인정을 받는다는 것이다. 자신의 예술성을 제대로 인정받지 못한 예술가가 계속해서 자신의 예술을 다듬어갈 수 있을까? "다듬어갈 수 있습니다! 사람이 모두 비정하고 속물적이지는 않습니다. 욕심 없이 헌신하는 마음과 숭고한 정신으로 일하는 사람이 있습니다! 그는 자신보다 못난 사람들이 자신과 똑같이 돈을 벌어도, 자신의 예술이나 기술이 인정받지 못하더라도 계속해서 사회를 위해 헌신하고 노력할 것입니다!" 이렇게 말하는 사람들이 과연 얼마나 있을까? 전혀 없다고 생각하지는 않는다. 하지만 이상주의자들의 주장만큼 절대로 다수는 아닐 것이다. 인간을 너무나도 고귀한 영적 존재처럼 묘사하는 이상주의자들은 제도의 변혁과 사회의 분위기만 달라지면 모든 인간이 선해질 것으로 착각하곤 한다.

더 나은 것에 대한 인정과 보상이 없다면, 도대체 누가 무엇을 위해 열심히 한다는 말일까? 질적인 차이를 거부하면 우리는 무엇을 목표로 하여 성장할 수 있을까? 세계 수영 1위 마이클 펠프스를 우상으로 삼으며 열심히 노력하는 어린 수영 선수들은 이제 누구를 목표로 삼아야 하는가? 더 나음의 개념을 무시하고 억제하는 순간 우리는 목표를 잃어버리게 된다. 그러므로 사회구조 신봉론자 및 급진주의자의 모든 화려한 수사의 종착역은 결국 허무주의다. 허무주의는 사람을 무기력하게 만든다. 이러한 허무주의를 극복하기 위해서는 스스로를 앞으로 나아가게 할 진정한 목표와 삶의 의미가 필요하다.

내가 교회를 더 이상 다니지 않음에도 기독교적 가치를 선호하는 이유는 기독교적 가치가 인간을 소중한 존재로 여기고 가정과 개인의 삶에 의미를 부여해주기 때문이다. 기독교 외의 다른 종교들도 마찬가지다. 사람을 심취하게 하여 무언가를 착취하는 사이비 집단은 논외로 하고, 대부분의 종교는 허무한 인간의 삶에 목적과 의미를 부여해준다.

나는 일본에 약 1년간 교환학생으로 유학을 간 적이 있는데, 거기서 '종교에 대한 이해'라는 수업을 들었다. 수강생 중 70퍼센트는 이슬람 계통의 학생이었다. 그들 대부분 중동에서 온 외국인 유학생이었고 담당 교수도 이집트인이었기에 나는 관심에 없던 이슬람에 대해서도 공부하게 되었다. 당시 IS의 납치 살인 사건 등이 보도되고 있었기에 중동 사람들에 대한, 특히 이슬람 교도들에 대한 인식이 매우 좋지 못한

---

3   이탈리아의 경제학자이자 사회학자인 빌프레도 파레토Vilfredo Pareto가 발견한 소득분포에 관한 통계적 법칙. 그는 이탈리아의 20퍼센트의 인구가 80퍼센트의 토지를 소유한다는 논문을 발표했다. 보통 8대 2의 법칙으로 불리며 토지 소유 뿐만 아니라 다양한 사회 경제적 현상에서 8대 2의 법칙이 확인된다.

상황이었다. 그러나 그와 다르지 않던 내 생각은 단 며칠 만에 송두리째 바뀌었다. 이슬람 교인들은 친절했고 상냥했으며 언제나 온화한 모습으로 일관했다. 반나절 이상을 금식해야 하는 라마단의 시기에는 묵묵히 인내했다. 그들이 보여준 긍정적인 에너지와 유대 의식은 지금도 잊을 수가 없다. 같이 있는 것만으로도 평온함과 행복을 느끼곤 했다.

물론 나는 이슬람교의 교리에 동의하거나 따를 생각은 전혀 없다. 특히나 급진적이고 폭력적인 교리에 대해서는 말이다. 하지만 그들이 보여준 특유의 행복함은 바로 그들이 가진 이슬람의 보편적인 교리가 근원이라고 나는 생각한다. 규칙이나 규범은 사람을 압박하는 것 같아도 결국 더 큰 행복과 자유를 가져다준다. 종교는 우리에게 규칙이나 규범을 계속 지켜나갈 수 있도록 영속적이며 건전한 근거를 마련해준다. 종교인은 창조주인 신을 기쁘게 하기 위해, 혹은 종교적 교리를 지키기 위해 고행과 같은 삶을 살아간다. 언뜻 이해가 가지 않는 이슬람적 가치관에도 남에게 상냥하고 친절해야 하는 교칙이 존재하며 이러한 베풂의 미덕을 교리로 가르치기 때문에 이슬람 사람들은 자연스럽게 사회에서 행복하게 사는 법을 배우게 된다.

결국 허무주의는 크게는 삶의 의미와 목적, 가치, 작게는 규칙이나 규율과 같은 건실한 루틴의 부재에서 비롯된다. 그렇다고 모두가 종교인이 되거나 코란과 성경을 읽어야 한다는 뜻이 아니다. 각자 삶의 목표와 의미를 찾기 위해 노력하면 된다. 그 과정 자체가 인생이라고도 할 수 있지 않을까?

신화나 종교를 발판 삼아 우리는 개인뿐만 아니라 더 높은 차원의 성장, 목표, 꿈을 설정할 수 있다. 종교에 관한 수많은 고찰을 통해서도, 조던 피터슨이 이야기한 '12가지 인생의 법칙'을 통해서도 인간 삶의 의미는 결국 '타인과의 건강한 유대'로 이어지는 것 같다. 개인의 성장, 목표 의식, 원대한 포부, 꿈만으로는 삶의 진정한 가치와 행복을 느낄 수 없다는 것이 수많은 고전의 결론이다. 결국 우리는 사회에 기여할 때, 남과 더불어 살 때, 진정한 삶의 의미를 찾을 수 있지 않을까? 조던 피터슨이 이야기한 "용의 목을 치고 보물을 얻어 이 사회에 기여하라[4]"라는 말에서도 그와 같은 의미를 찾을 수 있다. 조던 피터슨이 분석한 것처럼 신화와 성서를 비롯해 고전을 살펴보면 영웅 이야기들이 인생에 대한 보편 가치를 시사하고 있음을 알게 된다.

즉, 우리는 멋진 개인으로 성장해 자신이 속한

4   유튜브 채널: Jordan B Peterson
영상 제목: 2017 Maps of Meaning 04: Marionettes and Individuals (Part 3)

집단과 사회에 기여할 때 삶의 보람을 느낄 수 있고, 숭고한 목표를 가지고 이타적으로 살아갈 때 진정한 삶의 의미를 찾을 수 있다.

이러한 이야기는 얼핏 구시대적으로 보이고, 자유가 없는 것처럼 보이며, 보편이라는 단어 자체가 고루한 느낌을 주기도 한다. 개개인은 매우 특별하고 다른데 왜 이러한 보편성에 기대어 정해진 삶을 살아야 할까? 그러한 의문이 들 수도 있다. 인간은 모두 다르기에 각자 다른 삶을 살아간다. 하지만 누구나 따라야 할 보편적이며 올바른 길이 있음을 알고 수용해야 한다. 그렇지 않으면 사회는 공든 탑이 무너지듯 혼란에 빠질 것이다. 혼란을 원하지 않는 한(원하는 사람들도 있다), 보편적 도덕, 규율, 공정함, 기여 등의 사회적 가치는 선하고 좋은 것임을 믿고 따르며 행동해야 할 필요가 있다. 물론 극단화된 교리나 이념, 어젠다를 사회의 효용 가치로 오해하고 신봉하면 더 큰 혼란을 야기할 수 있기에 역사적 사실이나 고전 문헌을 근거로 숙고와 검증이 선행되어야만 한다.

그렇지 않다면 우리가 어떻게 알겠는가? 어느 날 세상에 태어나 10대가 되고 20대가 된 우리가 쏜살처럼 세월이 지나 70대가 된들 삶의 의미를 바로 깨우칠 수 있을까? 수천 년 전부터 이루어진 집단 무의식의 원형, 고전을 통한 통찰, 신화와 종교적 교리를 통해 인생의 가치와 의미를 도출해내지 못한다면 인간은 허무주의에 빠질 수밖에 없다. 보편성을 무시하고 권위와 고전을 폄하하며 자신의 실존 자체에 의문을 두는 행위는 자신과 사회에 장기적으로 도움이 되지 못한다. 삶의 의미를 찾기 위해 떠나는 여정을, 우리는 하루빨리 시작해야 한다.

과도한

동정심

6

6. 과도한 동정심

2016년 5월 17일 캐나다에서는 Bill C-16 법안[1]이 발의되었다. 또 같은 해 뉴욕에서도 인권법에 의거해 개인이 선택한 성 정체성을 존중하지 않으면 위법이 될 수 있도록 하는 개정법안이 발표되었다. 이러한 법안은 각종 성 지향자를 그들이 원하는 대명사로 불러야 함의 법적인 근거가 된다. 성 소수자들에게는 사회에서 일반적으로 쓰이는 인칭 대명사인 He나 She가 아닌 Zhe, Ze 등의 다양한 표현을 써야 함을 법적으로 명시하고 있는 것이다. 이를 계기로 성별은 한층 더 다양화되기 시작했다. 오늘날 미국에서 공식적으로 보호되는 성 정체성은 31개나 된다. 페이스북은 유저들에게 약 58개 이상의 성 목록을 제시했다. 분류 방법에 따라 성별의 수는 무한정이기에 구분 자체가 불가능하다는 주장도 있다.

성 정체성 목록
Gender Definition List[2]

을 보면 얼마나 기상천외한 성별이 등장하고 있는지 확인할 수 있다.

---

1   성 정체성을 정하거나 성 관련 표현을 하는 데 있어서 편견이나 증오를 막고 성 소수자 및 다양한 성 지향자를 보호하기 위해 마련한 법안. 차별 금지 근거 목록에 '성 정체성과 표현'을 추가해, 법원이 혐오 표현에 대한 형량을 부과할 때 이를 고려해야 함을 밝히고 있다.

2   *Gender Definition List* (n.d.) 출처: www.theairingofgrief.com

- 아스트랄젠더Astralgender: 우주와 연결되는 성별

- 바이오젠더Biogender: 자연과 연결되는 성별

- 카스젠더Cassgender: 젠더가 중요하게 여겨지지 않는 성별

- 콜젠더Collgender: 자신에게 너무 많은 성별이 있어 한꺼번에 설명하기 힘든 성별

- 콘디젠더Condigender: 특정한 상황에서만 감지되는 성별

- 젠더플로우Genderflow: 수많은 감정에 유동적으로 존재하는 성별

- 젠더플루이드Genderfluid: 시시각각 상황에 따라 바뀌며 한정된 수에 제한받지 않는 성별

- 벤젠더Venngender: 두 성별이 겹쳐 완전히 새로운 성별이 탄생한 것

이게 도대체 무슨 소리일까? "이러한 목록은 끝없이 만들어질 수 있다. 왜냐하면 성별이라는 개념 자체가 사회구조에 의해 만들어진 것이므로 얼마든지 새롭게 정의할 수 있기 때문이다"라는 주장을 펼치는 사람들은 이분법적 성별의 구분이 사회구조적 억압이라고 주장한다. 또 남녀 간에는 생물학적 차이가 없기에 얼마든지 개인의 정의에 따라 자신의 성별과 성 정체성을 임의적으로 정할 수 있다고 말한다. 그러므로 인간의 성을 '남성'과 '여성'이라는 단 두 가지 성별로 구분 짓는 제도나 법, 나아가 사회에 일반화된 성 의식은 구조적 차별이라고 주장하며 다양한 성 정체성을 인정하는 법의 제정을 위해 끊임없이 운동을 벌인다. 이 운동에 의문을 가지는 것 자체를 '혐오 표현'으로 보며, 이에 대해 공감과 동정을 하지 않는 사람은 성 소수자를 혐오하는 매정한 사람으로 낙인찍는다.

할리우드의 여배우 케이트 허드슨은 자신의 딸을 젠더리스로 키우겠다고 밝혔다. 성별에 얽매이지 않고 아이가 원하는 성별을 가질 수 있도록 열린 시각에서 육아를 계획하겠다는 것이었다. 그녀는 자신의 딸이 고정된 성 역할에 얽매이게 될 것을 우려해 이러한 선택을 했겠지만, 아이러니하게도 그러한 그녀의 양육 방식이 그녀의 딸에게 성 개념에 대한 혼란을 줄 수 있다는 사실을 그녀는 알고 있을까?

아이의 사회화를 돕는 것은 부모의 몫이다. 가치관이 뚜렷하지 않은 유아기나 감정이 불안정한 사춘기에 성에 대한 교육이 제대로 이루어지지 못하면 각종 정신 질환에 시달릴 수 있다. 미국의 저널리스트 아비가일 시리어Abigail Shrier[3, 4]는 자신의 저서 《되돌릴 수 없는 상처: 트랜스젠더가 우리의 딸들을 부추긴다Irreversible Damage: The Transgender Craze Seducing Our Daughters》에서 수많은 성인 및 청소년, 심지어 영유아기의 트랜스젠더를 취재하며 끔찍한 진실을 맞닥뜨렸다. 많은 수의 트랜스젠더가 수

---

[3] 〈월스트리트 저널〉의 저널리스트. 어린 소녀들이 SNS를 통해 성별 위화감Gender dyspohria을 접하고 가상의 병을 호소하다 성전환 치료를 받고 사춘기가 지나서는 크게 후회하는 사례를 접한 후, 트랜스젠더 운동가들의 어젠다가 소셜미디어를 통해 확산되고 미디어 역시 해당 어젠다를 필터링 없이 전파하는 세태에 대한 진실을 알리고자 《되돌릴 수 없는 상처: 트랜스젠더가 우리의 딸들을 부추긴다》를 집필했다. 이 책에 담긴 내용에 대하여 트랜스젠더들은 잘못된 정보라고 주장하며 책의 판매를 금지할 것을 요청하였다. 이러한 논란 탓에 아마존에서는 이 책의 배너 광고를 금지했고, 각종 미디어에서도 이 책을 검열하고 있다. 그러나 이 책의 판매를 금지하지 말자는 청원의 수가 전자를 압도한다.
사진 © Alexander Emmanual Sandalis

[4] 유튜브 채널: Ben Shapiro
영상 제목: The Denial of Science and the Truth on Transgender Youth

술 이후에 더욱 불행한 삶을 살았으며 자살률 또한 눈에 띄게 높아진 것이다. 트렌스젠더 운동가가 과학적 근거가 없는 잘못된 정보를 전파해왔고 수많은 청소년들이 거기에 설득돼 10년간 성전환에 관한 상담이 약 4000천퍼센트나 늘게 되었다고 한다. 심지어 자폐증을 지닌 10대 소녀들은 자신의 방황과 불안의 근원이 자신과 맞지 않은 성별에 있다는 강박을 갖기도 해 치료의 방편으로 성전환을 하기도 했다.

'성전환 히스테리아'라는 용어가 등장할 정도로 오늘날 젊은 세대들은 혼란을 겪고 있다. 과학이 아닌 이념 위에 세워진 어젠다의 영향으로 혼돈이 전염병처럼 퍼지고 있다. 그로 인해 성별 구분을 두지 않는 '젠더리스' 양육 방식이 널리 퍼지고 있으며 조기 성전환 수술이 권장되기도 한다.

저명한 성 연구가 데브라 소Debra Soh[5]는 이러한 사회적 움직임이 문제를 일으킬 것이라 강력히 경고한다. 남녀의 생물학적인 차이는 분명하며 성별은 스펙트럼이나 어떤 정도가 아니라 이분법적으로 나뉜다는 것이다. 여성적인 남성과 남성적인 여성이 있을지언정 성별은 그 어떠한 정도를 나타내는 개념이 아니라는 것이다. 이것이 중요한 까닭은 생물학적 성별의 차이가 개인의 자아 형성에도 큰 영향을 미치기 때문이다. 데브라 소는 여자아이와 남자아이가 좋아하는 장난감이나 놀이의 종류가 서로 다른 것이 단지 사회구조에서 비롯된다는 주장을 강력하게 비판한다. 수많은 문헌을 근거로 들며 우리가 알고 있던 남녀 간의 일반적인 차이를 설명하는 그녀의 모습을 보면 지금 우리가 어떤 세

상에서 살고 있는 건지, 도대체 왜 이렇게 되어버린 건지 정신이 아찔
해지기까지 한다.

생물학적으로 성별은 남녀로 나뉜다. 이것은 단순하고 분명하다.

---

5   캐나다의 과학 칼럼니스트이자 작가 겸 성 연구가. 대표적인 저서로 《젠더의 끝: 우리
      사회의 성 정체성에 대한 신화를 뒤집다The End of Gender: Debunking the Myths about Sex
      and Identity in Our Society》가 있다. 온건한 진보 성향의 작가지만 벤 샤피로 등의 정통
      보수주의자의 팟캐스트에 자주 출연한다.

그러나 소수자를
만족시키기 위해,
사회의 공감과
동정의 수준을
인위적으로
높이기 위해
성별을 복잡하게
만들어내고 있다.
성별에 관해서는

과학에 기반한 사실이라 할지라도 어떤 것은 이야기를 해서는 안 된다고 한다. 소수자에게 상처를 줄 수 있다는 이유로.

물론 공감 능력이나 동정심이 없다면 인류는 아마도 오늘날까지 존재할 수 없었을 것이다. 갓난아이를 울 때 안아주지 않고 제때 보살펴주지 않으면 아이는 사망할 것이다. 마찬가지로 고통을 겪는 사람, 소외를 당하는 사람을 동정하거나 공감하지 않는다면 사회는 서서히 파멸의 길을 걷게 될 것이다. 동정, 공감, 연민은 인류가 가진 위대한 감정적 능력이자 인류애의 근간이 되는 중요한 요소이다. 그러나 이 또한 과하면 문제가 생길 수 있다. 공감과 연민도 지나치면 문제가 될 수 있다는 생각, 그 자체가 금기시되는 오늘날의 과도한 동정심이 어떻게 문제를 일으키는지 살펴보자.

인간은 배우고 성장하는 동물이다. 인간이 성장이라는 과정을 겪어야 하는 가장 큰 이유는 사회가 인간을 죽음으로 내몰 수 있을 만큼 혹독한 곳이기 때문이다. 사회는 시대와 장소에 따라 음침한 동굴일 수도, 척박한 자연환경일 수도, 어느 시대보다도 안전한 21세기의 가정일 수도 있다. 수많은 맹수가 도사리는 자연환경에서 우리는 예민하고 강해져야 한다. 하지만 맹수가 사라졌다고 해서 모든 위험이 사라진 것은 아니다. 인간은 동족에게 때로는 맹수보다 더욱 잔인하고 포악해질 수 있다. 그리고 의도와는 다르게 발생하는 오해와 마찰, 이로 인한 정신적인 고통도 무시할 수 없다. 인간관계를 원활히 맺고 잘 유지하는 일은 결코 녹록지 않다. 만약 맹수가 도사리는 자연에서, 오해와 마찰과 논쟁이 지속되는 사회에서 과도한 동정심으로 인해 개인이 시행착오를 겪고 성장할 수 있는 기회를 갖지 못한다면 어떻게 될까?

과도한 동정심이

문제가 되는
가장 큰 이유는
결코 만만치 않은
사회에서
살아남기 위해
겪어야 하는
시행착오의
기회를 앗아
간다는 데에 있다.

타인과 나의 의견이 극단적으로 다를 수 있고 이로 인해 충돌할 수도 있다. 그러나 충돌을 감수하고서라도 상호작용을 시도하는 이는 대화하는 법을 배우며 논쟁의 기술을 익힐 수 있다. 하지만 오늘날 대학에서 이러한 상호작용 자체를 상대에게 상처를 줄 수 있다는 이유로 '혐오 표현'으로 규정하고 토론을 금지하고 있다면 당신은 믿을 수 있겠는가? 2010년대 이후로 명문 대학을 포함하는 대다수의 미국 대학이 '표현의 자유'를 교칙을 동원해 탄압하고 있으며 '세이프 스페이스Safe space'라는 안전 구역을 설치해 그 누구도 상처받지 않는 장소를 만들어가고 있다.

대학가에서 더 이상 코미디언을 초청하지 못하는 이유도 이와 동일하다. 농담은 때로 비아냥과 비판, 역설과 모순을 동반한다. 이러한 유머는 정신적으로 성숙한 사람만이 받아들이고 웃을 수 있다. 하지만 과도한 동정심 안에서 자라난 밀레니얼 세대와 주머 세대는 그러한 발언을 소화할 수 있는 정신적 성숙을 갖추지 못하게 되었다. 이것이 곧 캔슬 컬처의 핵심적인 요소가 되어 지금은 유명인이 말실수를 하는 순간 소셜 미디어를 통해 즉각 생매장당하는 시대가 되었다.

결국 정치적 올바름을 중심으로 한 현재의 세태는 '과도한 동정심'에서 비롯되었다고도 볼 수 있다. 개인이 어떠한 이유에서도 상처를 받아서 안 된다는 어젠다는 한 사람을 평생 연약한 아이로 두는 결과를 가져온다. 물론 PC주의자의 주장에도 일리는 있다. 제도적이고 문화적인 보호가 필요한 사람들은 대부분 사회의 소외 계층으로 여성, 성 소수자, 유색인종 등이기 때문에 이들을 우선 보호하지 않는 한 사회는 결코 안전하지 못하다는 것이다.

하지만 이러한 주장이 안고 있는 취약점은 어떠한 표현이 '혐오 표현'이고, 어떠한 표현이 '표현의 자유'인지에 대한 구별의 기준이 자의적이라는 것이다. 대학가에서 남성 인권에 대한 토론을 하는 것을 혐오 표현으로 규정하는 것이나 역사 수업에서 제2차 세계대전에 대해 공부하는 것이 학생의 정서에 좋지 않은 영향을 끼치므로 폐지되어야 한다는 주장은 학생을 과잉보호가 필요한 갓난아기로 취급하려는 것 같다. 이러한 과도한 동정심이 학생들의 지적 탐구와 깊은 고찰을 방해하며 또 특정 성향의 정치적 어젠다에 쉽게 물들도록 만들고 있다.

훌륭한 부모는 아이를 연약하게 키우지 않는다. 과잉보호하지 않는다. 아이가 실패와 고통을 통해 더욱 성장하고 배워나갈 수 있도록 도와준다. 반면 과도한 동정심과 공감이 주는 따스함에 오래도록 안주하는 아이는 시행착오를 통해 성장하고 배우는 기회를 놓치고 말 것이다. 그런 아이가 몸만 어른이 되어 사회의 냉혹함을 맞닥뜨리면 그때 겪을 고통은 이루 말할 수가 없을 것이다. 고통을 이겨낼 힘이 없는 '어른 아이'는 다시금 제도와 법의 보살핌에 의존하려 하고 이러한 어른 아이가 모여 사회는 점점 더 감정적이고 유약한 인간들을 만들어내는 '어른 유치원'이 되어간다.

자신이 어떤 말을 듣고 상처를 받았다면 그것은 내가 그 부분에 있어 유약하다는 뜻이다. 상대가 나를 상처 주기 위한 의도로 한 말이라면 그것은 잘못이지만, 그러한 의도 없이 사실을 전달하기 위해 한 말이라든가 토론에서 자기 주장을 표현한 말이라면 과연 발언권을 규제해야 할까? 나 자신이 유약함에서 벗어나는 선택지는 왜 고려하지 않을까?

'백인 특권White privilege'이라는 말이 있다. 흑인을 노예로 부려온 백인이 노예제가 폐지된 현재에도 차별적인 부와 혜택을 누리고 있다는 것이다. 이 백인 특권이 과장되었다는 주제로 토론하는 것이 혐오 표현으로 규정되어 토론의 장이 폐지된 사례가 있다. 믿기 힘들겠지만 지금 미국에서 일어나고 있는 일이다.

'백인 특권'은 오늘날 있을 수도 있고 없을 수도 있다. 인종 차별이나 남녀 차별도 마찬가지다. 사람마다 현상을 대하는 방법과 태도가 다르기 때문이다. 그렇기에 더욱 활발히 대화를 나누고 토론해야 한다. 토론은 결코 아름다운 것이 아니다. 서로의 의견이 다르면 상처를 받을 수도 있다. 화가 날 수도 있고 눈물이 날 수도 있다. 하지만 이러한 과정을 거치지 않는다면 도대체 어떻게 서로를 이해할 수 있을까? 특정 이념에 반하는 모든 대화를 억압하고 규제해버리면, 도대체 어떻게 진정한 평등을 설계해갈 수 있단 말인가?

한편 과도한 동정심과 공감하는 마음이

8
9
'약자의 올림픽' 을 만들어내고 있다는 비판도 일고 있다.

'약자의 올림픽'이란 당신이 약하고 소외될수록 경쟁에서 우수한 성적을 거두게 된다는 말이다. 전 세계적으로 인기를 끌고 있는 〈아메리카 갓 탤런트〉, 〈브리티시 갓 탤런트〉 등 오디션 프로그램을 보면 무슨 말인지 금방 알 수 있을 것이다. 여기서 노래만 잘 불러서는 오디션을 통과할 수는 있어도 '골든 버저'를 받기는 힘들다. 시즌별로 심사위원당 한 번만 골든 버저를 누를 수 있는데, 골든 버저를 받은 출연자는 곧바로 준준결승에 올라가는 기회를 얻는다. 골든 버저는 대부분 소외된 환경, 슬픈 과거를 통해 자라온 사람, 신체적, 정신적 장애를 딛고 출연한 사람이 받아왔다. 이러한 경향이 나쁘다는 것은 아니다. 우리는 어려움을 이겨내고 승리를 거머쥐는 모습을 보면 본능적으로 희열과 감동을 느낀다. 역경과 시련은 인간사를 드라마틱하게 만들어주기 때문이다.

하지만 이것이 '역차별'을 만들어낸다면 옳은 일일까? 노래를 더 잘하고 재능이 더 많은데도 언더도그마 현상 탓에 마땅한

01 평가를 받지 못한다면 이를 공평하다고 할 수 있을까?

남자로 태어났지만 성 정체성을 여성으로 선택하고 인정받아 수많은 여성 종목을 제패한 트랜스젠더 여성에게 찬사를 보내는 게 옳은 일일까? 반면 하루도 거르지 않고 훈련해왔지만 그러한 트랜스젠더에 패배한 여성에게 어떤 위로를 건넬 수 있을까?

쉽게 결론을 낼 수 있는 문제가 아니다. 우리는 대화를 해나가야 한다. 그리고 결코 순탄치 않을 그 과정에는 반드시 표현의 자유가 있어야 한다. 의견이 오고 가는 과정에서 내가 상처를 받고 상대에게 상처를 주더라도 대화를 계속해나가야 한다. 더 이상 인큐베이터 안에서 징징되면 안 된다. 어느 시대든 사회는 잔혹했다. 사람이 두 명만 모여도 경쟁이 생기고 싸움이 생긴다. 어떠한 압제적이고 인위적인 제도와 규제로도 이러한 사회의 잔혹함을 없앨 수는 없을 것이다. 그것은 사회를 만들어낸 인간이 지니는 근본적인 속성이기 때문이다.

앞서 말한 '어른 유치원'에서 나오기 위해서는 스스로가 더욱 의연해져야만 한다. (개인이 통제할 수 없는 유전, 사고로 인한 트라우마 등 신경정신적 질병의 경우를 제외하고) 시행착오를 겪지 못한 어른 아이들이 사회에 나오면서 정신적 스트레스를 견디지 못하는 것을 종종 본다. 공황장애, 우울증 등은 대부분 보살핌을 받아야 할 시기가 지난 후에도 계속해서 과잉보호를 받아왔기에 작은 상처도 감당해내지 못해 생겨나는 증상이다.

유명한 정치 논객 벤 샤피로 Ben Shapiro[6]는 이렇게 말했다.

2
3

"팩트는 당신의 감정 따위 신경 쓰지 않는다."

사실에 대해 상처를 받는 것은 온전히 자신의 책임이다. 비록 고통스럽고 깊은 아픔을 주는 사실이라도 책임을 남에게 전가하지 않고 내자신의 성숙의 재료로 쓸 수 있다면 개인은 이 과정을 성장의 씨앗으로 삼고 앞으로 나아갈 수 있을 것이다.

---

6 미국의 보수주의 정치 평론가이며 미디어 호스트이자 변호사. 만 17세에 최연소 칼럼니스트가 되었으며 정치 논평 팟캐스트 회사 '데일리 와이어The Daily Wire'를 설립했다.

 유튜브 채널: The Daily Wire

개인과

7

집단

'집단 정체성'이 '흑인'인 경우를 떠올려보자. 어떤 흑인은 흑인 집단에서 공유하는 사회적 의식과 행동 양식을 가지고 있지 않을 수도 있다. 그렇다면 이 사람은 흑인이라는 정체성 집단이 자신을 대표한다고 말할 수 있을까? 인종이 나의 본질적 특성을 규정하는 표식이 되어야만 할까? 어떤 여성은 여성임에도 많은 여성이 가지고 있는 사상과 철학을 옹호하지 않을 수도 있다. 그러나 정체성 집단은 특정 이념을 통한 사회적 변화를 주장하며 그에 반하는 상대를 공격한다. 이러한 규칙은 집단 내부에도 적용돼 일종의 암묵적 행동 강령을 만든다.

집단 정체성의 문제는 이들이 종종 '혐오'를 기반으로 움직인다는 것이다. 집단적 결속은 공통의 적이 있을 때 더욱 쉽게 강해진다. 적에 대한 분개심, 무너뜨리고자 하는 강한 적대심과 혐오가 동반될 때 집단의 힘이 더욱더 강력해진다. 21세기에 '백인 혐오'와 '남성 혐오'가 큰 화두로 떠오른 것도 이러한 흐름과 무관하지 않아 보인다. 이것이 집단 정체성의 가장 큰 오류이다. 누군가가 백인이라는 이유로 실제로는 어떠한 혜택도 누리고 있지 않는데도 '백인 우월주의'를 반대하는 사람들에 의해 공격을 받는다면, 누군가 남성이라는 이유로 가부장이 되어본 적이 없는데도 '가부장제'로 고통받은 사람들에 의해 혐오의 대상이 된다면, 공장에서 일하는 노동자 계급의 백인 남성이 인종과 성별에 의해 공격과 혐오를 감수해야 하는 것이 정당하다면, 우리는 도대체 어디서부터 대화해야 할까?

집단 정체성은 결코 개인 정체성의 전부를 차지하지 않는다. 내 피부 색깔은 내가 가진 소중한 특징 중 하나이지 그것이 나라는 사람의 정체성의 전부를 형성하고 있지 않다. 그러므로 피부 색깔이 '약자의 올림픽'의 무기가 되어서는 안 된다. 그러나 인종과 성별을 초월한 자유와 평등을 위해 함께 노력해야만 할 21세기에, 집단 정체성을 추구하는 사람들은 그 누구보다 더 인종과 성별을 강조하고 있다.

말 그대로 가장 성차별적인 이들은 백인도

남성도 아닌, 급진적 흑인 인권 운동가들과 급진적 여성 인권 운동가들이다.

집단 정체성과 관련해서 개인적으로 놀라운 경험을 한 적이 있다. 프랑스인인 친구와 카페에서 이야기를 나누다가 일본이 화제가 되었다. 당시 일본 불매 운동 등으로 여행이 어려워진 상황이어서 항공권의 가격 등이 매우 저렴해졌다는 이야기를 하던 도중 그 친구의 입에서 튀어나온 말이 나를 한순간 충격에 빠트렸다. 그녀는 전공이 한국학이어서 한국과 일본의 역사적인 관계 및 상황에 대해 자세하게 알고 있었는데, 한국인의 반일 감정을 인종차별과 연관지어 이야기를 하는 것이었다. 나는 단 한 번도 그렇게 생각해본 적이 없었다. 우리는 반일 감정을 초등학교에서부터 배운다. 식민지 시대의 아픔을 배우며 자연스레 일본에 대한 강한 분노를 갖는다. 나 역시 일본 이야기만 나오면 부글부글 끓었다. 그런데 이 친구가 보기에 그것은 인종차별과 다름없는 국적차별이라는 것이었다. 역사적 과오의 잘잘못을 따지는 것이 아니라 국적이 일본이라는 이유로 일본인을 경멸하는 것은 일본인을 한 명의 개인으로 보는 것이 아니라 집단 정체성으로만 보는 것이기 때문이다. 순간 머리가 아찔했다. 그렇다. 친구의 말은 옳았다. 어떤 한국인은 일본인이라면 무조건 혐오한다. 일부 일본인도 마찬가지다. 자신이 일본인이라는 이유로 한국인을 무조건 혐오하고 조롱한다. 유튜브에서는 서로를 비하하는 유튜브 영상의 조회수가 끊임없이 올라가는 것을 본다. 일본을 싫어한다는 말 자체에 집단 정체성의 개념이 들어가 있다. 반일 감정이나 혐한 감정은 역사 의식에서만 오는 것은 아니다. 혐오의 감정은 정치적으로 쓰인다. 혐오의 감정만으로도 국민 일부가 똘똘 뭉치기도 한다. 일본이라는 강력한 적을 혐오의 대상으로 여기면서 자연스럽게 대한민국이라는 집단 정체성에 속하는 경우도 본다.

나는 대한민국이 자랑스럽고 내가 한국인이라는 사실이 정말 감격스럽다. 특히 한국 문화가 세계로 뻗어나가는 현상을 볼 때면 더 그렇다. 하지만 그렇다고 해서 내가 한국인의 전형적인 생각만을 가지고 있는 것은 아니다. 즉, 나라는 사람의 정체성의 100퍼센트가 '대한민국'이라는 집단으로만 채워져 있는 것은 아니라는 말이다. 인간은 다 다르다. 살아온 환경도 다르고 추구하는 가치도 다르다. 물론 비슷한 점이 더 많겠지만, 그렇다고 해서 내가 대한민국이라는 집단 정체성을 지닌 사람이라는 이유로 암묵적인 행동강령을 강요받으면 안 된다고 생각한다. 집단주의는 위험하다. 개인의 사고를 제약하고, 비판적인 견해를 지니지 못하게 하기 때문이다.

개인의 정체성보다 집단의 정체성이 우선되면 집단이 가지는 대의가 무엇보다도 올바른 '정의'이자 '정답'이 되기 때문에 이에 반하는 순간 소속 집단으로부터 공격을 당한다. 이것은 끔찍한 일이다. 개인의 독립성은 어떠한 상황에서든 존중되어야 한다. 자신이 하는 모든 일에 개인으로서 책임질 수 있어야 한다. 그러기 위해서는 암묵적인 행동강령이 아닌, 내 스스로가 깊게 고찰하고 시행착오를 겪으며 개인으로서 성장해나가야 하는 것이다. 반면 집단은 내가 저지른 행동에 따르는 책임을 덜어준다. 내가 어떤 악한 행동을 저질러도 집단 속으로 숨어들 수 있다. 집단은 이러한 군중의 어두운 힘을 잘 이용한다. 군중으로서 한 행동에 대한 결과는 개인에게만 온전한 책임을 지우기 어렵고, 이로 인한 책임감의 부재는 곧 인간의 행동을 더욱 악하게 만들며, 악한 행동은 사회에 혼란을 초래한다.

예컨대 경찰관에게 살해당한 '조지 플로이드 사망 사건'을 계기로 일어난 폭동을 보아도 알 수 있다. 해당 사건도 끔찍했지만 이후에 일어난 일들은 더욱 충격적이다. 수많은 명품 브랜드 상점의 유리문이 부수어지고 금품을 도난당하는 장면들이 사람들의 카메라에 고스란히 찍힌 것이다. 물론 집단적 행동이 언제나 이렇게 무책임한 결과를 낳는 것은 아니다. 하지만 그러한 행동이 만에 하나 일어났을 때, 군중이 가지는 파괴력은 정말 어마어마하다는 걸 명심해야 한다.

군중은
감정에 의해
쉽게 선동된다.

군중은 억울함, 적대심, 분노 등의 감정이 자극돼 집단적 행동을 일으키는데, 감정이 앞서 이성적 사고가 마비되기도 한다. 폭동뿐만이 아니라 평화롭게 이루어지는 시위도 대의에 의해 자신의 행동이 너무 당연하게 희생되고 있지는 않은지, 내가 정말 그 사안에 대해 깊게 고찰하여 이성적으로 행동하고 있는지, 반드시 생각을 해보아야 한다. 휩쓸리듯 선동돼 집단의 일부로 소모될 때 개인의 주체성은 점점 약해진다.

계속해서 강조
하는 '개인'은
이기적인 뜻에서
의 개인이 아니다.
온전히 자신의
가치관에 따라
생각하고 행동
하며 그에 따른
결과를 책임지는

2
3 '오롯한 존재'를
말하는 것이다.

인간은 홀로 살아갈 수 없다. 사회를 이루고 인간과 인간이 유대하며 살아가야 한다. 그렇다고 하더라도 집단에 잠식되어 개인으로서의 가치관을 잃으면 안 된다. 중학교 시절 역사 선생님이 이런 질문을 하신 적이 있다. "한일전에서 한국인이 한국을 응원하는 것이 당연하게 여기는데, 한국인이 왜 일본을 응원해서는 안 됩니까?" 순간 교실에 정적이 흘렀다. 우리는 쉽게 대답하지 못했다. '한국인인데 당연히 한국을 응원해야지, 상대편인 일본을 응원하는 것은 주변 사람들을 놀래키기 위한 행동인가?' 하는 생각이 들기도 했다. 하지만 역사 선생님은 집단주의의 위험성에 대해 이야기하고 있었다. 국가라는 것도 하나의 집단이다. 진정 어엿한 개인은 집단이 주는 소속감이나 일체감 등에 자신을 쉽게 내맡기지 않는다. 깊은 고찰을 통해 자신의 가치관을 정립해가려고 노력하며 이를 위해 때로는 늑대처럼 홀로 외로운 길을 걷기도 한다.

개인은 외롭고
나약한 존재다.

그래서 끊임없이
유대를 원한다.
자신의 주장과
가치관을 꺾고서
라도 집단에 들어
가고 싶어한다.
하지만 이러한
유혹을 뿌리치고
오롯한 개인으로

존재하기 위해서
는, 남들이
우루루 몰려가는
쉬운 길을 따르지
않으려면,
'숭고한 정신'이
바탕이 되어야
한다.

숭고함

이라는

가치

8

조던 피터슨의 《12가지 인생의 법칙》에 한국 독자들이 온라인 서점에 단 댓글을 보면 기독교적인 내용이 많다는 반응이 눈에 띈다. 종교에 관심이 없거나 반감을 가진 사람들은 이러한 내용에 거부감을 갖는 듯하다. 과학과 이성을 중시하는 조던 피터슨이 왜 신화를 비롯한 종교와 철학 등을 분석하여 구체적인 사례로 드는 것일까?

그 까닭은 '원형'과 '숭고함'의 가치에 대한 인식을 촉구하기 위해서이다. 원형이란 오랜 세월에 걸쳐 형성된 집단 무의식이 하나의 일관된 형태로 기록돼온 것으로, 고전 문헌이나 성서, 각종 신화에 나오는 이야기들이 대부분 비슷한 구조를 가지고 있다. 이를 분석해보면 보다 보편적이고 무의식적인 인간의 행동을 도출해 '개인'과 '집단'에 대한 총체적인 이해가 가능해진다.

성서는 그러한 집단 무의식의 원형이 집약된 고전이다. 조던 피터슨은 이를 신화와 함께 엮어서 설명한다. 그러면서 우리에게 익숙한 할리우드 영화와 고전으로 전해 내려오는 이야기 역시 모두 종교적 신화의 서사와 많은 공통점을 가진다고 설명한다.

수많은 영웅 전설은 용의 목을 치고 보물을 얻어와 자신이 속한 사회에 재물을 나누는 이야기 구조를 지니는데, 그 여정은 결코 쉽지 않고 수많은 시련을 동반한다. 때로는 죽음에 가까운 위기를 맞닥뜨리기도 한다. 이러한 원형적 이야기가 일차적으로 시사하는 바는 훌륭한 영웅이 되기 위해서는 숭고한 희생이 필요하다는 것이다. 숭고함이란 타인을 위해서, 사회를 위해서, 정의와 평화를 위해서, 고난을 자발적으로 겪도록 결심하고 이행하는 것을 의미한다.

즉, 우리가 하고자 하는 일이 쉽지 않고, 수많은 유혹이 존재하며, 갖가지 방해와 위협이 도사리고 있다고 해도 이를 버텨내 목표를 이루기 위해서는 마치 영웅과 같은 '숭고함'이 필요하다고 조던 피터슨은 말한다.

---

1   You can wake the hell up. And you can decide that you're going to be the hero of not only your story but of everyone's story.
정신을 차려야 합니다. 그리고 여러분은 자신의 이야기뿐만 아니라 수많은 사람들의 이야기에서도 영웅이 되겠다고 다짐해야 합니다.

Imagine the noblest aim that you can conceptualize and then sacrifice your life to attempting to attain it.
개념화할 수 있는 가장 숭고한 목표를 상상해보세요. 그리고 그걸 얻기 위해 우리의 삶을 희생하는 겁니다.

유튜브 채널: GeenStijl
영상 제목: Jordan Peterson's Philosophy of "How to be in the World" distilled down to its 5 strongest points

조던 피터슨은
더 나아가 '진실을
말하는 것'도
이러한 숭고함에서
나온다고 설명
한다. 어떤 결과를
초래하더라도
진실을 말하는 것,
결과에 대한

책임을 자신이 온전히 지는 것, 거짓에 휘둘리지 않고 진실을 말할 때 세상이 조금 더 좋은 곳으로 변화할 수 있다고 굳게 믿는 것, 이것이 바로

조던 피터슨이 생각하는 숭고함의 절대적 가치다.

사실 숭고함이라는 가치는 모두가 알고 있을 것이다. 수많은 종교와 신화에서 원형의 형태로 전해져왔으며, 사회와 문화가 아무리 달라도, 심지어 문명이 달라도 이러한 숭고함이라는 가치는 어디서든 존경을 받아왔다.

하지만 21세기에 들어 달성하기 어려운 숭고함보다는 편하고 쉬운 것이 선호되면서, 사회에서 진정한 영웅의 자리는 점차 사라지는 듯하다. 허무주의가 퍼지면서 쉬운 것만 찾는 청년들이 늘고 은둔형 외톨이처럼 사회와 어떠한 상호작용도 없이 혼자 방에 숨어서 짧은 쾌락에 중독되어가는 사람들이 해마다 늘어나고 있다.

나라를 구해야만 영웅인 것이 아니다. 어떠한 형태로든 나 혼자만의 만족에 갇혀 있는 것이 아니라 공동체에 긍정적인 기여를 하는 것이 곧 영웅의 길이다. 물론 가상의 세계에서도 영웅이 될 수는 있다. 컴

퓨터를 켜면 우리의 뇌에서는 곧바로 도파민이 분비된다. 게임 속에서 사람들과 대화를 하며 그룹 활동을 하면서 실제로 사회생활을 하는 것 같은 기쁨과 흥분을 느낀다. 그렇게 온라인에서 사이버 영웅이 되어간 다. 온라인 게임, 온라인 커뮤니티, 온라인 동호회, 소셜 네트워크 등 의 공간에서 우리는 모든 것을 쉽게 이뤄낸다. 하지만 가상에서의 관 계가 실제 사회에서의 인간관계를 대체할 수는 없다. 물론 이러한 온 라인의 특성을 이용해 사업을 일구고 경제적 가치를 창출하며 사회에 기여하는 사람들도 존재한다. 하지만 그러한 생산자 또한 철저하게 사 회적 삶을 살고 있다. 비즈니스 미팅을 하고 계약을 하고 분야를 넓혀 가는 일은 결코 쉽지 않은 일이지만, 우리는 사람을 직접 만나 상호작 용을 하며 성장한다. 온라인의 가상적 사회관계에만 의지할수록 사람 들은 더욱 보잘것없이 변하게 된다. 사회 안에서 가치를 인정받지 못 한 이들은 자존감이 낮을 수밖에 없고, 이러한 이들이 많아질수록 사 회는 병적으로 변한다.

가상의 관계가 왜 좋지 못한 것일까? 극단적인 예로 '음란물'을 들 수 있다. 조던 피터슨이 데이브 루빈Dave Rubin[2]과의 인터뷰[3]에서 음란물 에 대해 "숭고하지 못하다" "너무 쉬운 결과다"라는 말을 했다. 숭고하

---

2   2016년에 토크쇼 채널 '루빈 리포트The Rubin Report'를 개설한 미디어 호스트. 줄곧 좌파적 사고관을 지닌 정치 논평가였으나 2013년에 입사한 좌파 미디어 '영 터크스The Young Turks'를 2015년에 퇴사한 이후로, 스스로를 보수주의자이자 고전적 자유주의자로 명명하였다.
    사진 © Gage Skidmore

3   유튜브 채널: The Rubin Report
    영상 제목: Free speech, Psychology, Gender Pronouns | Jordan Peterson | POLITICS | Rubin Report

지 못하다는 것은 결국 음란물을 보는 행위가 이 사회에 어떠한 기여도 하지 못한다는 의미다. 음란물을 시청하는 것이 너무 쉬운 결과를 가져다주기 때문이다. 여기서 결과란 '쾌락'을 말한다. 우리가 음란물을 볼 때 분비되는 도파민의 흥분 효과는 코카인의 약 3분의 2 정도라고 한다. 도파민은 쉽게 말하자면 '보상'의 호르몬이다. 보통 우리가 오래도록 준비한 시험에서 통과했을 때, 마라톤 경기에서 우승했을 때, 마음에 드는 이성에게 프러포즈를해 성공했을 때 분비되는 호르몬이다. 동기부여의 호르몬으로도 불리는 이 도파민이 아무런 노력 없이 바로 3분의 2 이상 분비된다는 것이다.

그렇게 의욕이 사라진다. 아무리 열심히 일하고 분투해봐야

음란물을 보는 것 만큼의 도파민이 분비되기는 힘들다. 시험을 오래도록 준비하는 것은 매우 지루하고 고된 일이며 좋은 결과가

나오리라는
보장 또한 없다.
또 이성에게
프러포즈를 하는
일도 상당한
용기가 필요한
일이며 실패했을
경우의 고통도
무시할 수 없다.

노력의 과정 없이 쾌락을 얻을 수 있는 것을 우리는 '마약'이라고 부른다.

강력한 중독성을 지닌 마약은 노력 없이 곧바로 쾌락을 느끼게 해주기 때문에 다른 일을 제쳐두고 마약에 집착하고 몰두하게끔 만든다.

사회생활은 이해와 오해의 연속이다. 수많은 시행착오의 과정이 없다면 우리는 계속해서 인간관계의 마찰을 겪을 수밖에 없다. 이성관계 역시 그러하다. 이성에게 환심을 사고, 상대를 이해하고, 관계를 깊게 만들어가는 과정은 많은 노력과 시간을 필요로 한다. 그러나 사람들은 더 이상 이러한 과정을 겪으려 하지 않는다. 아니, 계기조차 만들고 싶어 하지 않는다. 대신에 음란물 시청과 같은 가상 환경에서 해소하려고 한다. 많은 것이 너무나 쉽게 손에 쥐어진다. 실제 연인과 만날 때보다 더 강한 자극과 흥분은 물론 유대감까지도 경험할 수 있다.

사실 이성관계는 많은 사람들이 자기 계발을 위해 분투하는 이유가 되기도 한다. 이성에게 잘 보이기 위해, 배우자를 책임지기 위해, 가정을 꾸리기 위해 인간은 사회로 나와 이성관계를 맺는다. 나 아닌 존재와 유대감을 쌓고 책임감을 느낀다. 책임감은 나 자신을 넘어 나에게 특별한 사람을 위해 노력하는 계기를 만들어준다. 이러한 와중에 자연스럽게 사회화 과정을 겪는다. 그러나 이를 대체할 수 있는 수많은 것들이 생기면서 사람들은 더욱 고립되고 있다. 숭고함의 가치를 잃고 편한 쾌락의 길을 걷게 된 것이다.

어둠으로부터 빠져나와 빛으로 향하는 길은 (은유적인 표현처럼 보이지만 실제 상황을 가리키는 말이기도 하다) 집에서 나오는 것이다. 집에서 나와 사람들과 교류하고 이성 친구와 데이트도 하며 사회로 진입하기 위해 노력한다. 물론 어둠에서 짧고 굵은 쾌락에 젖어 있을 때보다 재미있는 일은 적을지도 모른다. 때로는 불편하고 내 마음대로 되지 않아 화가 나고, 처음 맞닥뜨리는 사회생활에 허둥대는 나 자신이 정말 보잘것없이 느껴지기도 할 것이다. 하지만 이러한 사회화 과정을 겪지 않으면 인간은 숭고함의 가치를 잃고, 자신이 속한 사회를 더욱 불완전한 곳으로 만들며 좋지 못한 기여를 하게 될 것이다.

나는 20대 초반부터 굉장히 냉소적이었다. 대학교에 입학해 한껏 들뜬 청춘들이 가소롭게 느껴져 최대한 또래 친구들과 어울리지 않으며 학교생활을 했다. 그러나 나는 고작 3주 만에 후회하고 말았다. 나 혼자만의 세상에서는 내가 최고였는데, 벚꽃이 만개한 캠퍼스에 삼삼오오 어울려 다니는 친구들의 웃음소리를 들으니 외로움과 부끄러움이 몰려든 것이다. 뒤늦게 부랴부랴 학과 활동이며 동아리 활동에 참여하기 시작했지만 시기가 늦어 이마저도 무척 어색하고 아쉬운 상황이 지속되었다. 그때부터 나는 상대적 외로움에 시달렸다. 이를 바로잡기 위해 마인드 컨트롤도 해보고, '혼자서도 외롭지 않다'는 여러 교양 서적의 조언에 따라 당당하게 행동해보기도 했지만 외로움을 극복할 수는 없었다.

당연한 일이겠지만 놀랍게도 이러한 갈증은 실제로 친구가 생기면서 해소되었다. 군대를 다녀오고, 단기 교환 유학을 갔다 오고, 운동도 많이 하고, 나만의 외적인 개성도 가꾸었다. 즉, 마인드만 무장한 게 아니라 외적으로도 변화하고자 노력했다. 그러자 내가 무리하게 다가가지 않아도 자연스럽게 나와 어울리려 하는 친구들이 생겼다. 대학생활이 이렇게 재미있을 수도 있구나, 하면서도 동시에 괴롭기도 했다. 가장 즐거워야 할 금쪽같은 대학 1학년 시기를 굉장히 어둡게 보내며 시간을 허비한 게 아까웠기 때문이다. 한 박자 늦게 사귄 그때의 친구들과는 지금도 연락하는 친밀한 사이로 남았다. 또 이성 친구와 연애를 하며 나는 풍부하고 다양한 경험을 했다. 중요한 것은 이 시기에 나는 과거에 절망적으로 느끼곤 했던 외로움을 거의 느끼지 않게 되었다는 것이다. 수많은 교양 서적이 외로움을 보다 근본적으로 해결하려면 마인드를 바꾸라고 말한다. 하지만 친구가 없어 외롭다면, 이성관계라는 것이 무엇인지 알지 못해 우울하다면, 실제로 경험하기 위해 노력하는 것 또한 중요하다고 나는 생각한다.

물론 인간이 느끼는 공허함과 외로움을 타인이나 사물이 완전히 채워줄 수는 없다. 하지만 부족할지라도 어느 정도는 채워진다는 분명한 진실이 나는 놀라웠다. 나도 책을 많이 읽는 터라 "당신의 구멍은 그 누구도 채워줄 수 없다"라는 말 정도는 익히 들어보았기 때문이다. 당신이 절실하게 느끼는 외로움이나 고통은 단지 마인드 컨트롤을 통해서만 해결되는 것이 아닐 수도 있다. 남들과 유대를 맺고 싶은 강한 욕망이 사회화 과정으로 이어지고 사회와 융합하고 사회에 기여하는 숭고함의 실현에 도달하려면 실제로 친구를 만들고, 연인을 만들고, 삶을 보다 풍요롭게 해주는 실제적인 관계를 쌓아나가야 하는 것이다.

또한 이는 사회 구성원의 의무이기도 하다. 의무는 물론 고통스럽다. 집에서 쉽게 얻을 수 있는 쾌락에 젖어 사는 것이 어려운 도전을 하는 것보다 훨씬 쉽고 편하다. 집 밖으로 한 발자국만 나가도 피곤한 일들이 시작된다. 이러한 고통을 자발적으로 받아들이기 위해서는 보다 근본적인 차원의 책임감이 필요하다.

"삶에 의미를 부여하는 것은 '책임감'입니다.[4]"

2017년에 조던 피터슨이 '의미의 지도' 주제의 11번째 강의에서 했던 말이다. 심슨을 예로 들어 설명한 이 영상은 조회수가 약 800만에 달할 정도로 많은 사람들에게 감명을 주었다. 이 강의에서 조던 피터슨은 호머 심슨이 비록 멍청하고 잦은 실수를 반복하는 엉뚱한 아저씨이지만 가족들을 위해 희생하며 갖은 고통을 겪는다는 것을 언급한다. 그러면서 크리스마스 보너스를 받지 못해 괴로워하는 호머 심슨의 모습이 바로 남자가 지녀야 할 '책임의 무게'를 잘 보여준다고 설명한다. 물론 남자만을 뜻하는 것은 아니다. 책임은 인간이 더 인간답게 살도록 삶에 목표를 준다.

게다가 이렇게 말하는 사람들도 적지 않다. 부모가 되니 인생이 새롭게 시작된 것 같다고, 자신의 아이를 품에 안았을 때 느껴지는 감정은 말로 설명할 수 없다고, 그러면서 전에 없던 책임감이 생긴다고. 무기력한 삶을 살던 사람도 아이를 본 순간 지키고 보호해야겠다는 의무감과 책임감이 들면서 삶이 송두리째 바뀐다고 이야기하곤 한다.

유튜브 채널: Alex Swan
영상 제목: Jordan Peterson on the meaning of life for men. MUST WATCH

즉, 사람은
자발적으로
책임을 지고자 할
때 크게 성장한다.
욕망에 따라
무언가를 누리고
자 하기보다
책임을
자발적으로

짊어질 때 우리는
더 분명한 삶의
의미를 깨닫는다.
책임을 짊어지는
경험은 개인이
허무주의를
떨칠 수 있게 하며
나아가 사회가
더 나은 곳으로

변화하는 데
보탬이 된다.

위 강의에서 조던 피터슨은 덧붙여 말했다. "짐을 짊어지세요. 최대한 무겁게, 그러면 쓸모없어 보이는 나 자신이라도 이런 일을 해냈다는 성취감이 있을 겁니다.[5]"

짐을 짊어지는 것, 삶의 무게를 견디는 것, 인생의 고통을 받아들이는 것, 이것은 모두 우리가 쉽게 접하는 짧은 쾌락과는 거리가 멀다. 위험하고 어려운 상황을 자초하라는 말이 아니다. 단지 힘든 상황을 대하는 태도를 바꾸라는 것이다. 나를 예로 들면, 우리 가족은 내가 어렸을 때부터 경제적인 어려움을 겪어왔다. 이러한 상황에서 나는 불평불만을 하며 부모님을 원망한 적도 있다. 하지만 그러한 부정적인 마음은 나에게, 또 사회에 아무런 도움도 되지 않았다. 조던 피터슨의 책과 강의를 듣고 나는 생각을 바꾸었다. 그것이 내 인생에 있어 가장 드라마틱한 변화를 가져다주었다.

바로
내가 자발적으로
우리 가정의
짐을 짊어지기로
마음먹은 것이다.

5 유튜브 채널: Alex Swan
영상 제목: Jordan Peterson on the meaning of life for men. MUST WATCH

나는 부모님의
문제, 우리 가정의
문제를 불운이나
고통으로만
보지 않고 내가
짊어져야 할
짐으로 생각하기
로 했다. 그리고
벌어들인 돈을

전부 가정의 문제를 해결하는 데에 집중했다. 아버지의 어려움을 해결하고 난 다음에는 어머니의 어려움을 해결했다.

내 삶의 우선순위를
나 자신이 아닌
내가 책임져야 할
가족에 두고 나니
나는 너무나도
늠름해졌고,
자신감이 생겼고,
마음이 풍족했다.
가정의 문제를

회피해야 할 고통으로 보지 않고 내가 받아들이고 짊어져야 할 마땅한 책임으로 여기자 더 이상 마음이 아프지도 않았다.

삶을 대하는 자세가 바뀌니 경제적 어려움도 변화의 기회라 생각되었고 기꺼이 짊어질 용기가 생겼다. 나의 태도가 변하자 가족끼리의 관계도 무척이나 좋아졌다. 나의 생산성도 배가되어 일의 능률도 올랐다. 이렇듯 책임감은 사람을 강하게 만든다. 의무감은 가슴을 뜨겁게 한다.

물론 인생이 지운 짐의 무게가 너무나 커서 버텨내기 어려울 수도 있을 것이다. 고통의 무게가 나의 한계를 넘을 때도 있을 것이다. 그럴 때 우리는 어떻게 고통을 견디고 살아남을 수 있을까?

삶은 고통이다. 불교, 기독교, 유대교, 가톨릭교, 이슬람교, 힌두교 등 대부분의 종교에서 삶이 고통이라고 말한다. 삶이 고통임을 받아들일 때 우리는 인생을 더 잘 견뎌낼 수 있다. 이러한 삶의 방식은 쾌락주의적 삶과 완전히 상반된다. 쾌락주의는 오늘날 많은 사람들의 삶의 목표가 된 것처럼 보인다. 우리는 쉽게 삶의 목적을 행복에 둔다. 그러면 삶의 질은 내가 지금 행복한지, 아닌지에 따라 결정되고, 행복한 상황이 유지되지 않으면 삶은 무척이나 괴로운 것이 된다. 행복을 추구할수록 더욱 괴로운 삶을 사는 아이러니한 상황에 놓이는 것이다.

하지만 삶을
'고통'으로 보고,

자발적으로
어깨에 짐을
짊어지고 살아
간다면,
고통스러운 삶을
꿋꿋하게 버텨낼
수 있을 것이다.

세상에는 수많은 악이 존재한다. 그 악은 개인으로부터, 사회로부터, 심지어 자연으로부터 유래하기도 한다.

세상은 모든 존재가 선하고 사랑과 연민이 넘치는 천국이 아니기 때문에 우리가 삶의 지향을 오로지 행복에 둔다면

우리는 쉽게
무너질 수 밖에
없다. 하지만
악이 존재한다는
사실을 알고,
삶이 고통이라는
사실을 인지하며
사는 것만으로도
우리는 우리의

짐을 숭고하게 짊어질 수 있다. 세상의 고통을 줄여보도록 하자.

삶이 고통임을 받아들인다면 세상에 존재하는 수많은 고통이 눈에 들어올 것이다. 사회를 더 나은 곳으로 만들기 위해서 나 자신이 할 수 있는 일은 무엇인지 생각하게 될 것이다. 또한 우선 나 자신의 짐을 온전히 짊어지고, 그리고 그것을 버틸 수 있을 때 사회의 짐을 함께 짊어지고자 할 것이다. 삶이 행복이 아닌 고통임을, 나의 괴로움과 고통이 당연함을 알고 받아들이는 것만으로도 큰 위로가 된다. 내 삶의 고통을 받아들이고 책임지고 짊어지는 것에서부터 인생은 변한다.

세상에서 가장 쉬운 것이 바로

남 탓이다.

모든 것을 내 책임으로 돌리고 고통을 짊어지기에는 큰 용기와 인내가 필요하다. 그래서 사람들은 사회 탓과 남 탓을 하며 자신이 당면한 고통을 회피하려고 한다. 개인 차원의 성찰보다 집단의 힘을 빌려 외부의 것을 변화시키려 하는 것이다.

나 역시 오래도록 남 탓을 하며 살아왔다. 내가 남보다 못난 이유며 더 가지지 못한 이유를 항상 밖에서 찾았다. 그러면서 자연스럽게 사회를 원망하고 미워하게 되었다. 아직 사회를 제대로 경험해보지도 못한 대학생 시절부터 사회에 만연한 불평등함에 분노를 느끼곤 했다. 무엇보다 빈부 격차가 주된 이슈였다. 나는 가난한데 저 친구는 왜 부자일까? 나는 주말에 정신없이 아르바이트를 해야 하는데 저 친구는 어떻게 주말마다 맛집을 찾아다닐 수가 있을까? 나의 부모님은 빚에 허덕이며 예순이 되도록 일을 하시느라 무릎뼈가 다 닳았는데 저 친구의 부모님은 어떻게 저렇게 웃으며 해외 여행을 다닐 수가 있을까? 나는 당장 100만 원만 있어도 대부분의 문제가 해결될 텐데, 왜 저 친구네 집은 몇억 원이 넘는 재산을 쌓아 두고 있을까? 재산이 남아돈다면 사회에 분배하여 어려운 사람들이 조금이나마 나아질 수 있도록 격차를 줄여가야 하지 않을까? 눈에 확연히 보이는 근본적인 불평등이 너무나도 불합리하게 느껴졌다. 사회제도가 조금 더 모두에게 평등할 수 있도록 무엇보다 부의 재분배가 이루어져야 한다고 마음속으로 굳게 믿었다. 이러한 인위적인 평등을 당연하게 생각하며, 점차 나 자신의 성장보다는 이 사회가 변화해야 한다는 생각에 빠지게 되었다. 내가 아무리 노력해봤자 소위 금, 은, 동수저 친구들과는 경쟁이 안 된다고 생각했기에, 개인의 노력은 공허한 헛발질로 여겼다. 그렇듯 나는 나 자신의 자기 계발보다 일종의 허무주의적인 사상에 심취했다. 사실 제대로 사회생활을 겪어본 것도 아닌데 도처에 만연하는 불평등에 무작정 화가 났다. 아르바이트를 해도 사장에게 화가 나고, 텔레비전을 봐도 연예인들에게 화가 나고, 기득권층이라고 생각되는 사람들을 향한 무척이나 강력한 분노를 마음속 깊이 품고 살았다.

지금 생각해보면 이것이 가난한 사람이 더욱 가난해지는 정확한 이유가

아닐까 싶다. 물질적인 가난보다 이러한 정신적인 불완전함이 도전과 성취의 기회를 모조리 막아버린다.

나도 즐겁게 살며 많이 경험할 수도 있었다. 부자인 친구의 경제력을 별로 신경 쓰지 않으면서 그와 좋은 친구 사이로 남을 수도 있었다. 사장에게 분노하며 일을 마구잡이로 하기보다 성실하게 일을 배우며 기술을 쌓을 수도 있었다.

남을 탓하는 마음은 결국 나에게 최악의 것들만 남겨주었다. 사회를 탓하기 전에 나의

부족함을 먼저
탓해야 하는데,
성인이 되도록
나르시시스트
적인 교육만
받아온 오늘날의
청년 세대는
자신의 부족함을
돌아보는

겸손함 없이
사회의 변혁과
평등을 위한
급진적인 변화만
주구장창
요구하고 있는
것은 아닐까?

중동에서 여성 인권 운동이 일어난다면 우리 모두 발 벗고 나서 이를 응원하고 도와주어야 할 것이다. 하지만 아직 사회생활을 해보지도 않은, 실질적인 불평등을 겪지 않은 학생들이 무리 지어 사회에 변화를 촉구한다면 그렇게 이루어진 집단적 변화는 둘째 치고, 그 집단 속에서 분노, 경멸, 불합리의 감정으로 소모되고 선동된 개인의 행동에 대해서는 누가 어떤 책임을 질 것인가? 나 자신을 바로 세우지 못하고 외부의 불평등만 계속 찾아내면서 개인으로서는 조금도 성장하지 못한다면 그 책임은 누가 지게 될까? 답은 분명히 정해져 있다. 바로 미래의 나 자신이다.

결과의

9

평등

'결과의 평등'은
내가 사회과학
일반을 공부
하면서 알게 된

개념 중 가장 최악의 개념이다.

마르크스주의에서 출발하여 21세기에 유행처럼 번지고 있는 사회주의적 사상의 바탕이 되는 결과의 평등은 정말 어처구니 없다고 할 만큼 끔찍한 개념이다. 결과의 평등이란 출발선이 어떠하든 결과적으로 모두가 평등해야 한다는 것이다. 내가 대학교 1학년 때 골몰히 빠져 있던 생각과 같다. 당시에는 결과의 평등이라는 개념을 몰랐지만, 은연중 내가 원했던 게 바로 이거였다. 어떤 사람이라도 모두가 공평하고 똑같은 결과를 얻을 수 있는 그런 사회, 질투가 일어나지 않는 진짜 공평한 사회를 원했던 것이었다. 이러한 생각은 정말 깊게 고찰하지 않으면 젊은이들이 쉽게 빠질 수 있는 생각이다.

물질적 재화와 가치는 보통 필요를 충족시킬 때 발생한다. 수요를 만족시켜주는 사람에게 돈이 돌아간다. 기발한 천재들은 수요 자체를 만들기도 한다. 하지만 결과의 평등은 내가 사람들이 원하는 햄버거를 열심히 만들며 팔고 있을 때, 아무도 사지 않는 수채화를 그리는 사람과 내가 동등한 결과를 얻어야 한다는 것이다. 자유 시장에서의 치열한 경쟁 덕에 우리 사회는 이만큼 발전할 수 있었다. 같은 결과가 보장

되는 일에 누가 자신의 수명을 깎아가면서 일을 할까? 자유 시장에서의 보상이란 물질적인 것만을 뜻하지 않는다. 명예와 지위, 그리고 세상에 기여를 한다는 만족감은 외부의 통제에 의해 인위적으로 만들어낼 수 있는 게 아니다.

모두에게 같은 결과를 보장하기 위해 사회를 통제한다면 아마존의 창립자 제프 베이조스와 테슬라의 CEO

일론 머스크는 서로 경쟁하려 할까? 아니, 애초에 그들이 이러한 사업을 일궈낼 수 있었을까? 모두에게 같은 파이를 나눠주는 것은 유치원에서 끝나야 하는 법이다. 경쟁에서 패배하는 것은 지독하게 고통스럽지만, 그러한 고통 없이 인간은 결코 성장할 수 없다.

경쟁의 레이스가 단 한 곳에만 있는 것도 아니다. 특정 인물을 예로 들 필요도 없이 수많은 위인과 자본주의 사회에서 부를 창출한 기업가들 역시 셀 수 없이 많은 실패와 패배를 겪어왔다. 거기서 이를 악물고 앞으로 계속 나아간 사람이 성공한 개인이 되는 것이지, 자신의 실패를 사회의 탓으로 돌리고 결과의 평등과 같은 제도의 개혁에 목을 매는 사람이라면 그 순간 발전의 시계는 멈춰버리고 말 것이다.

결과의 평등을 주장하는 많은 운동가들은 경쟁보다 조화를, 성장보다 평등을 원한다. 조화와 평등 역시 우리 사회에 반드시 필요한 중요한 가치다. 하지만 이를 자유 시장과 자본주의 체제에 강압적으로 주입하면 많은 부작용이 나타난다. 경제는 그렇게 돌아가지 않는다. 페미니스트 언론인 캐시 뉴먼이 이러한 불만에 대해 호소한 적이 있다. 대부분의 고위직 여성은 소위 '남성적 특징'인 강렬한 경쟁심을 가지고 있고, 대부분의 기업도 이러한 남성적 특징을 중심으로 성장하는데, 시험 삼아 '여성적 특징'을 중심으로 운영하는 기업을 만들어보면 어떻겠냐는 것이었다. 친화성, 조화, 평등을 중시하는 기업체를 만들면 되지 않느냐는 것이었다. 문제는 그러한 시도를 할 정도로 자유 시장은 만만치 않고 그러한 시도가 성공할 확률도 거의 없다는 데에 있다. 성공한 기업은 한 주에도 수십 번씩 크고 작은 소송과 법정 싸움에 시달린다. 전쟁터와 다름없다. 내가 상대를 밟지 않으면 올라갈 수 없는 경쟁 구조를 가진 기업 사회에서 조화와 평등을 중요시하는 여성적 기업이 탄생한다면 타사를 짓누르고 이겨야 하는 레이스에 설 수조차 없을 것이다.

심지어 시장 구조를 개혁하려는 제도적 움직임마저 일어나게 되었다. 여성 기업인에게 조금 더 좋은 조건의 대출을 해준다거나, 기업체들이 여성 CEO의 물품을 원자재로 구입하는 식의 인위적인 개입을 통해 성장을 유도하는 것이다. 그러나 그렇게 쓰이는 세금은 대부분 별 소득 없이 사라진다. 정부의 힘이 개입될수록, 자유 시장의 장점은 흔적을 감춘다.

그럼에도 결과의 평등에 대한 강박은 지속되고 있다.

여성할당제, 50:50 등과 같은 이야기가 그러하다. 하지만 이러한 제도를 이용하더라도 완벽한 결과의 평등은 이뤄낼 수 없을 것이다. 애초에 기준을 남녀로 나누는 것 자체가 이상한 일이다. 개인이 가지는 특징은 성별뿐만이 아니다. 나이도 있고, 사는 지역도 있으며, 심지어 성격과 외모, 재산과 학력도 있다. 성별과 함께 이런 것들까지 고려해야 한단 말일까? 사실 서구의 급진주의자들은 이조차 맞추어야 한다고 말한다. 그래서 인종뿐만 아니라 재산과 학력에 관한 비율도 고려 대상에 넣고 있다. 이 모든 것을 고려하면 과연 모두가 공정한 지위를 갖게 될 수 있을까? 할리우드의 유명 배우 브리 라슨이 여성 영화인 축제에서 했던 연설을 살펴보자.

"2017년에 100편의 신작 영화를 평가한 비평가 중 67퍼센트는 백인 남성이었습니다. 백인 여성 비평가는 4분의 1도 되지 않았고, 뒤를 이어 불특정 인종 남성 비평가는 10분의 1 미만이었습니다. 유색 인종의 여성 비평가는 2.5퍼센트도 채 되지 않았습니다. 이 이야기를 듣고 당신은 '오, 그것은 우리나라의 비율을 대표하지 않네요'라고 생각할 것입니다. 맞습니다. 이건 실제 우리나라를 구성하는 인종 비율과 많이 다릅니다. 30퍼센트의 백인 남성, 30퍼센트의 백인 여성, 20퍼센트의 유색 남성, 20퍼센트의 유색 여성이 이 나라 미국의 인종 비율입니다.[1]"

---

[1] 유튜브 채널: WIF
영상 제목: Brie Larson Receives 2018 Women In Film Crystal Award

브리 라슨의 말대로라면 미국의 인종 비율에 맞추어 미국 영화 비평가의 수가 통제되어야 한다. 하나의 영화를 비평하는 데 있어서 백인 남성은 30퍼센트로 제한되어야 하며, 그만큼 유색인은 40퍼센트 정도 참여해야 한다. 브리 라슨은 페미니스트이자 인권 운동가로, 줄곧 백인 남성에 대한 불만을 표시해왔다. 서구의 가부장적 압제는 100퍼센트 백인 남성으로부터 연유하기 때문이라고 주장해왔다. 그런데 현재 그녀의 새로운 남자 친구는 백인 남성이다.

영화를 평가하는 데 인종이 과연 중요한 요소일까? 브리 라슨이 당시 비평가의 성별, 인종 비율을 비판한 것은 그녀가 좋아하는 영화 〈시간의 주름〉이 평단의 낮은 평가를 받았기 때문인 것으로 보인다. 이 영화는 10대 흑인 혼혈아에 관한 영화로 40대 백인 남자가 비평할 수 없는 영화라는 것이 브리 라슨 주장의 핵심이었다. 10대 흑인 혼혈아에게 의미 있는 메시지를 던지는 영화이므로 다른 인종의 다른 성별이 왈가왈부할 영화가 아니라는 말이었다. 그녀의 말이 일리가 있는 것 같아 보여도 우리는 정신을 차려야 한다.

진짜 자유로운 세상은 40대 백인 남자가 10대 흑인

혼혈아에 대한 영화를 비평할 수 있는 세상일 것이다.
진짜 평등한 세상은 누구라도 인종과 성별에 구애받지 않고 영화를 자유롭게

비평할 수 있어야 한다.

어떤 영화의 좋고 나쁨을 평가하는 데 나의 인종이나 성별이 걸림돌이 되어서는 안 되는 것이다.

한마디로 영화 비평을 잘하는 사람이 영화 비평을 하면 된다. 여자든 남자든 흑인이든 동양인이든 여러 특성이 모여 이루어진 각자의 개별성은 존중되어야 하며, 인종이나 성별과 같은 잣대로 분류돼 비판을 받으면 안 된다는 것이다. 잘한 사람이 떡을 먹는 것이다. 이긴 사람이 더 많은 파이를 가져가는 것이다. 하지만 파이를 못 먹었다고 너무 걱정할 필요는 없다. 이 세상에는 정말 수많은 파이가 존재한다. 다 찾아서 먹을 수 없을 정도로 많다.

그러니 한 번 실패했다고 결과의 평등을 주장하며 남의 것을 빼앗아 오려는 생각은 그만두자.

45 평등해야 하는 것은 오직 기회뿐이다.

결과는 다를 수도 있다. 누군가는 키가 커서 농구를 더 잘할 수도 있고, 누군가는 목청이 좋아 노래를 더 잘할 수도 있다. 누군가는 더 끈기 있게 공부해서 시험 성적을 잘 받을 수도 있고, 누군가는 다른 것에 더 신경 쓰느라 남들보다 성적이 떨어질 수도 있다. 같은 결과를 강제하는 순간 경쟁의 가치는 사라진다. 남보다 나아지려는 마음, 이기고자 하는 경쟁심은 없애야 할 나쁜 것이 아니다. 승부를 위한 분투는 성장과 혁신의 좋은 원동력이 된다. 한 번의 패배가 평생의 패배를 뜻하지 않으므로 우리는 패배의 경험을 사회 탓으로 돌리려 하기보다 나의 무엇을 더 발전시킬 수 있을까를 고민해보는 것이 더욱 중요하다.

낙태와

10

줌미편

낙태 찬성Pro-choice과 페미니즘은 이제 동의어가 되었다. 낙태를 할 수 있는 권리, 즉 여성이 제3자의 어떠한 방해도 없이 임신 중절을 선택할 수 있는 자유의 움직임이 여성 인권과 완벽하게 결합되었다. 여성 단체는 '어떻게 9개월의 태아를 살해하는 것¹'을 여성 인권과 결부시킬 수 있었던 것일까?

낙태와 페미니즘은 현재 사회에 만연한 생명 경시의 풍토에 지대한 영향을 미치고 있다. 이는 자세히 들여다 보면 완벽한 '안티크라이스트'의 모습을 띄고 있기도 하다. 남녀 조화, 생명 중시, 규범, 질서가 기독교적 가치라면, 남녀 분열, 생명 경시, 개방적 성 문화가 페미니즘적 가치라고 볼 수 있다. 그도 그럴 것이 페미니즘이 타파하고자 하는 서구의 제1의 가부장적 질서가 바로 기독교이다. 신의 아들로 칭송 받는

'예수'가 남자인데 무슨 말을 더 하겠는가? 2011년 캐나다에서 촉발한 여성해방행진Slut walk[2]도 여성이 자신의 몸을 자유롭게 노출할 수 있는 권리를 주장하며 기존의 순결과 헌신을 강조하는 기독교적 가치를 무너뜨리기 위해 힘쓰고 있다. 이러한 세태를 어떻게 보아야 할까? 이성에게 시각적으로 성적인 자극을 주는 노출을 자제하라고 하는 것이 과연 여성에 대한 사회구조적 억압일까?

경찰관인 마이클 생귀네티는 "여성들이 성폭력을 당하지 않기 위해서는 '매춘부Slut'처럼 입어서는 안 된다"라는 말을 했다가 사회적 매장을 당했다. 당시 그의 발언은 현재까지 이어지는 여성해방행진의 계기가 되었다. 남성 인권 운동가 워렌 퍼렐은 야한 옷을 입고 성폭력을 당했다면 그 여성에게도 책임이 있다는 발언을 하여 큰 사회적 질타를 받았다. 여성해방행진의 모토는 어떠한 옷을 입더라도 여성은 성폭력의 위험에 노출돼서는 안 되고 어떤 경우에도 성폭력 발생에 대한 책임은 100퍼센트 가해자에게 있다는 것이다. 여성이 어떠한 시각적 자극을 유발하는 옷을 입어도 가해자의 성폭력이 정당화될 이유는 결코 없다.

---

1   뉴욕에서 출산보건법 및 낙태와 관련해 '임산부의 의사에 따라 출생 직전까지 낙태가 가능하도록 보장'하는 법안이 발의되었다. 현재 낙태에 대한 임신 기간 규정이 없는 곳은 알래스카, 콜로라도, 뉴햄프셔, 뉴저지, 뉴멕시코, 뉴욕, 오레곤, 버몬트와 워싱턴 D.C. 등이다.

2   2011년 1월 24일 캐나다 요크 대학에서 일어난 캠퍼스 강간 사건과 관련된 안전 교육 강연에서 경찰관 마이클 생귀네티가 한 '매춘부' 발언이 발단이 되어 일어난 시위.

다만, 우리는 '선택'에 대해 조금 더 신중하게 고찰해야 한다. 해당 이 슈에 대해 UBC Talk에서 벤 샤피로는 이렇게 말했다. "만일 성범죄가 발생했다면, 비난 받아야 할 사람은 가해자뿐이라는 것을 명심해야 합 니다. 그리고 피해자는 성범죄와 관련해 어떤 비난도 받아서는 안 됩 니다. 하지만 우리는 매일 선택을 하며 삽니다. 그리고 선택은 결과를 불러오지요. 만일 제가 100달러를 흔들면서 범죄율이 높은 동네를 지 나간다면, 높은 확률로 강도를 만나게 될 것이고, 잘못은 물론 가해자 에게 있습니다. 하지만 동시에 나쁜 선택을 한 것은 자신입니다. 그러 니 술을 마시고 마약을 하는 발정 난 남자들이 넘치는 곳에 가는 것 은 좋은 생각이 아닙니다. 그렇다고 범죄를 저지른 남자의 책임이 없 어지는 것은 아닙니다. 그 남자는 강한 처벌을 받아야 할 것입니다. 하 지만 스스로도 강간이 일어날 수 있는 선택을 해서는 안 된다는 것입 니다. 그러니 저는 강간이 일어날 수 있는 가능성을 높이는 선택을 비 난하는 것입니다." 앞서 큰 논란을 일으킨 마이클 생귀네티와 워렌 퍼 렐과는 달리 벤 샤피로의 이러한 발언은 크게 논란이 되지 않았다. 즉, 성폭력의 책임은 100퍼센트 가해자에게 있으며, 피해자에게는 어떠한 잘못도 없다. 하지만 그것은 범죄행위 자체에 대한 얘기고, 그전에 성 폭력을 당할 수 있는 환경을 벗어나는 선택에 대한 책임은 본인에게 있다는 것이다. 보통 남자들은 아무리 여성이 옷을 야하게 입고 시각 적으로 성적인 자극을 주는 차림새를 하며 돌아다녀도 여성을 성폭행 하지 않는다. 정상적인 사람의 전두엽은 그러한 성 충동을 막을 수 있 을 정도의 통제력을 지니고 있다. 하지만 그렇지 못한 사람들도 반드 시 존재한다. 법과 제도로 이러한 사람을 명확히 구분하거나 막는 데에는 한계가 있다. 전두엽 기능에 문제가 있어 충동 조절이 안 되는 사람들을 제어할 수 있는 완벽한 장치는 아직 마련되지 않았다. 그것이 가능해진다고 하더라도 실제로 적용하는 데에는 여러 가지 윤리적 문제가 따를 것이다.

그러니 나쁜 선택을 하지 않을 필요가 있다는 것이다. 앞선 두 사람과는 다르게 벤 샤피로의 말이 논란이 되지 않은 이유는, 성폭력의 피해는 100퍼센트 가해자 탓이지만 그러한 가능성을 높이는 선택을 스스로가 배제해야 함을 지적했기 때문이다. 이것은 낙태 문제에도 적용이 된다.
누구도 낙태를
좋아서 하지는
않는다. 큰 고통을
삼키며 낙태를
선택하는 이유는
앞으로 일어날
결과에 따른
책임이 너무나

막대하기
때문이다. 낙태는
그 자체로도 선악
을 따지기 힘든
큰 주제이지만,
낙태를 할 상황을
만들기 이전에
원치 않는 임신을
피하는 '선택'이

필요하다.

남녀를 불문하고 낙태는 무책임한 성생활의 결과이기도 하다. 100퍼센트 완벽한 피임이 존재하지 않는다면, 성관계가 책임을 다해야 하는 행위임을 명심하여 원치 않는 임신을 피해야 한다. 성관계는 단순히 쾌락의 도구가 아니라 0.001퍼센트라도 생명이 탄생할 수 있는 큰 책임이 필요한 행위라는 것을 잊어서는 안 된다. 무책임, 문란함, 낙태에 대한 경시 등 이러한 세태의 연장선상에 오늘날 페미니즘의 어젠다가 닿아 있다. 남녀 갈등, 책임의 부재, 생명 경시, 낙태 등 이러한 어젠다가 이끄는 길의 종착역은 결국 '인류의 절멸'이 아닐까 하는 생각마저 든다. 뚱딴지같은 소리인 듯하면서도 소름이 돋는다. 페미니즘과 맞닿아 있거나 하위로 종속되는 키워드들을 살펴보면 낙태, 비건, 극단적 환경주의, 동물권 등이 있는데, 이 모든 어젠다가 은밀하게 인류의 종말을 꿈꾸는 것은 아닐까 하는 의혹마저 든다.

2018년 4월 2일 온라인 매체 레벨 뉴스[3]에서 비건 시위자를 취재

---

3 2015년 설립된 캐나다의 온라인 매체. 조던 피터슨의 Bill C-16 안건을 비롯해 각종 표현의
  자유에 관한 이슈들을 취재하며 유명세를 얻었으나 게빈 맥기니스Gavin McInnes,
  페이스 골디Faith Goldy 등 극우 인사들의 참여로 현재는 극우 매체로 인식되고 있다.

  유튜브 채널: Revel News

한 적이 있다. 비건 시위자들은 정육 식당 앞에서 "고기는 음식이 아니다, 폭력이다!"라는 문구를 외치며 정육 식당의 영업을 방해했는데, 사회자 데이비드와 한 비건 여성의 대화가 압권이었다. 여성이 들고 있던 피켓에는 "죽고 싶어 하지 않는 그 누구도 절대 죽여서는 안 됩니다"라는 문구가 쓰여 있었다. 이에 데이비드는 그 문구가 흥미롭다며 마치 낙태 반대 시위에 있을 법한 피켓이라고 말하며 낙태도 반대하느냐고 비건 여성에게 묻자 여성은 대답을 회피했다.

"죽고 싶어 하지 않는 그 누구도 절대 죽여서는 안 됩니다"라고 주장하면서, 배 속에 있는 아이는

죽여도 된다?

배 속의 아이가 고깃덩어리보다 못하다는 말일까?

이러한 논리로 문제 제기를 하는 까닭은 비건 시위를 하는 여성의 상당수가 페미니스트이기 때문이다. 이념과 사상과는 전혀 상관없이 채식주의를 실천하는 사람도 많지만, 비건 운동가 대부분이 페미니즘을 근본 어젠다로 삼으면서 이렇듯 모순된 모습을 보인다. 과거 히피[4]와

---

4   1960년대 미국 샌프란시스코, LA 등에서 생겨난 탈사회적 움직임을 지향하는 사람들.
     기존의 사회제도, 통념, 관습 등을 부정하며 자연으로의 귀의를 꾀한다.

같은 극단적 환경주의자들을 보아도 그렇다. 그들은 인간의 과학기술, 문명 등을 하대하며, 우리가 모두 원시시대와 비슷한 수준의 생활로 돌아가야 한다고 말한다. 여기서 더 나아가면 인류는 지구 생태계의 악이므로 서서히 사라져야 한다는 뉘앙스까지 풍긴다.

성 소수자에 관해서도 비슷한 의도가 엿보인다. 페미니즘 진영에서는 오래도록 동성애를 비롯한 퀴어적 어젠다를 밀어붙여왔다. 레즈비어니즘[5]은 말할 것도 없고 이성애를 혐오하도록 시스템을 구축해오며 이성애와 가정, 생명을 중시하는 기독교적 내러티브의 전승을 끊어내기 위해 끊임없이 분투해왔다.

개방적 성생활을 권장하면 본래적 가정은 존재할 수 없다. 자유분방한 성생활로 임신을 한다고 해도 낙태를 하면 그만이니 생명이 탄생하는 일도 없다. 태아의 생명권은 소나 돼지보다 못한 수준으로 이미 박살이 나버렸기 때문이다. 게다가 인간은 숨을 쉬는 것만으로도 세상에 피해를 주기 때문에 모든 기술을 거부하고 인류가 사라짐으로써 아름다운 지구를 보존해야만 한다. 인간의 탐욕을 아무리 제어한다 한들 결국 자연을 파괴할 것이기 때문이다. 이성애를 혐오하며 남녀 간의 정상적인 이성관계를 와해하고 분열시킨다. 남녀의 갈등이 극에 달하면서 이성 교제가 어려워지고 가정이 형성되지 못하며 출산율이 떨어진다. 새로운 아이가 태어나지 않는다. 그나마 태어난 소수의 아이들에게 젠더리스적 교육을 시킨다. 동성애를 권장하고 성 정체성을 왜곡한다. 아이는 자신이 남자인지 여자인지 모르고 성 정체성의 혼란과 불안을 겪으며 자라난다. 그러한 아이에게 종교를 억압적이기만 한 것으로 보게 한다. 과거의 역사와 권위를 모두 허튼 것으로 보는 포스트모더니즘적 교육을 시행한다. 이러한 세대는 신성함이나 숭고함의 의미와 가치를 알지 못한다. 숭고함의 상실은 사회를 허무주의의 나락으로 끌어내린다. 허무주의의 끝은 암흑이다. 사회의 종말이다. 남녀를 분열시키는 극단적 페미니즘이 결국 지향하는 것은 여성의 인권 신장도, 진정한 성 평등도 아닌, 인류 역사의 종지부를 찍는 일일지도 모른다. 물론 모든 페미니스트와 채식주의자, 환경운동가가 오로지 자기파괴적인 욕망에 따라 움직인다고 생각하지는 않는다. 다만, 극단으로 가는 이념의 근본 동력이 어디에서부터 연유하는지에 대한 고찰이 필요하다는 것이다.

왜 이들은 인류의 종말을 의식적으로 혹은 무의식적으로 추구하는 것일까? 이유는 단 하나다. 삶의 의미도, 목표도 찾지 못했기 때문이다. 허무하기 때문이다. 허무주의는 정말 끔찍한 정신 상태다. 지성의 오만함에 빠진 깨어난 지식인들은 끊임없이 바벨탑을 쌓아 올리고 있다. 그 끝은 멸망이다. 허무주의는 '신의 죽음'과도 맞닿아 있다. 오늘날 우리는 신이 죽은 사회이자 신화가 사라진 사회에서 살고 있다.

---

5 이성애에 대한 대안으로 여성의 동성애를 추구하는 페미니즘 내부의 움직임. 이성애 자체가 성차별적이기 때문에 이에 동성애로 대항하며 투쟁해야 함을 설파한다.

올바름과

예술

11

2019년 전 세계에서 개봉한 토드 필립스 감독의 영화 〈조커〉는 개봉 전부터 큰 이슈였다. 미국의 로스앤젤레스 경찰은 프리미어 사전 개봉 예정이던 헌팅턴 비치의 영화관에 일어날지 모를 테러를 막고자 노력했다. 관계 당국이 어떠한 경로를 통해 테러 위협을 파악했는지 알려지지는 않았지만, 결국 프리미어 개봉은 취소되었다. 다행히 다른 날 영화가 무사히 개봉됐고 수많은 사람들이 관람을 시작하면서 당월 북미 극장가의 개봉작으로 최대의 주말 수입을 기록했다. 또 다른 안티 히어로로 영화인 〈베놈〉을 훨씬 뛰어넘는 기록이었다.

그런데 이 영화에서 악당을 너무 설득력 있게 묘사했다는 점이 문제가 되었다. 즉, 그의 범죄행위를 정당화, 나아가서는 영웅시하여 모방 범죄를 일으킬 수도 있다는 비판 여론이 들끓게 된 것이다. 또 2012년 동류의 코믹스 영화 〈다크 나이트 라이즈〉의 개봉 당시, 미국 콜로라도주 오로라의 한 극장에서 총기 난사 사고가 발생해 인명 피해도 있었기 때문에 당시 희생자의 가족이 제작회사에 직접 편지를 보내기도 했다.

영화를 모방한 범죄는 끊임없이 발생해왔다. 1981년 힌클리 주니어는 당시 미국 대통령인 로널드 레이건을 죽이기 위해 여섯 발의 총을 난사했다. 이듬해 법정에서 그는 무죄로 풀려났다. 그는 1976년에 개봉한 영화 〈택시 드라이버〉의 로버트 드니로와 조디 포스터에 영감을 받아 범행을 저질렀다고 했다. 하지만 정신이상의 병력이 참작돼 감옥 대신 정신병원에 감금되었다. 2001년 벨기에의 트럭 운전수 자라딘은 열다섯 살 이웃 소녀 알리슨을 무참히 살해했다. 당시 그는 1996년 홍행한 영화 〈스크림〉의 살인마 복장을 한 상태였다. 2002년 샌프란시스코에 살던 바디엠은 집주인을 살해하고 자신이 〈매트릭스〉의 세계관에 있다고 변호했다. 같은 해 리 보이드는 워싱턴 D.C.에서 10명에게 사격을 하여 붙잡혔는데, 그가 감옥에 있을 때 역시 〈매트릭스〉의 그림을 그렸다고 한다. 2003년 조슈아는 그의 부모님을 살해하며 자신 역시 〈매트릭스〉의 세계관에 있다고 주장했다. 그 외에도 〈아메리칸 사이코〉, 〈트와일라잇〉, 〈올드보이〉, 〈시계태엽 오렌지〉, 〈디어 헌터〉, 〈처키〉, 〈쏘우〉, 〈파이트 클럽〉 등의 영화의 모방 범죄가 일어났다. 영화뿐만이 아니다. 《데스노트》 같은 만화나 〈덱스터〉 같은 드라마 시리즈의 범행 장면을 따라 하거나 등장인물을 동경해 발생한 범죄들도 있었다. 게다가 이러한 미디어 콘텐츠를 모방한 것이 아니라 특정 범죄 자체에 매료되어 모방한 범죄들도 있었다. 즉, 영화, 드라마, 만화. 게임, 나아가 실제 범죄 그 자체 등 모방 범죄의 역할 모델은 정말 다양했다.

이러한 모방 범죄의 공통점은 대부분의 범죄자가 정신이상자이거나 사회적 부적응자, 혹은 심각한 트라우마를 지닌 사람들이었다는 것이다. 모방 범죄의 동기로 지목될 때마다 해당 영화들은 개봉이 취소되거나 연기되는 등 많은 사람들이 미디어의 영향력에 압도돼 이를 적절히 규제해야 할 필요를 느끼게 되었다.

　　문제는 어디까지를 예술적 표현의 자유로 인정할 것인가, 혹은 규제할 것인가에 대한 기준이 불분명해 논쟁이 지금껏 계속되고 있다는 것이다. 왜냐하면 앞서 예로 든 여러 사례들처럼 영화나 드라마, 심지어 애니메이션이 일종의 촉발제가 되어 끔찍한 사건들이 일어난 것처럼 보이기 때문이다. 만일 〈매트릭스〉를 개봉하지 않았다면 수많은 총기 사건도 일어나지 않았을 것이라는 생각이 사람들을 '문화 검열'의 장으로 이끄는 듯하다. 이렇게 극단적인 살해나 폭력에 관한 사안뿐만이 아니다. 미디어는 대중에게 많은 영향력을 끼치므로 규제와 검열에서 한 걸음 나아가 미디어에 특정 어젠다를 포함시켜야 한다는 움직임도 적지 않게 일어나고 있다. 폭력적인 영화가 폭력을 불러일으키는 것처럼, 많은 영화 매체들이 여성 혐오, 동성애 혐오, 인종차별 등의 사회적 혐오를 일으킨다는 주장이다.

대표적인 예로 〈반지의 제왕〉을 들 수 있다. 미디어를 검열하고자 하는 이념 집단이 가장 싫어하는 것이 바로 '백인 남성'이다. 〈반지의 제왕)의 출연 배우 대부분이 백인인 것, 기독교 원형적인 서사, 남녀의 고전적 성 역할과 이에 따른 묘사, 선과 악으로 대치되는 흑백 구도 등을 담고 있는 이러한 영화가 더 이상 주요 미디어의 흐름을 차지하면 안 된다는 것이 PC주의자들의 주장이다. 이렇게 미디어에 침공한 PC주의는 〈스타워즈〉 주인공을 여성으로, 슈퍼 히어로의 성적 지향을 동성애로, 디즈니 주인공의 인종을 흑인으로 바꾸는 등 지금도 활발하게 고전적 고정관념을 부수기 위한 '정치적 올바름'의 흐름을 만들어내고 있다.

이제 영화나 드라마에 백인만 나온다거나 이성애자만 나오면 '인종차별주의적 영화' 혹은 '동성애 혐오적 영화'라는 낙인이 찍힌다. 이러한 압박에 의해 각종 영화, 게임, 만화까지도 이러한 이념적 교조주의에 영향을 받게 되었다. 단순하게 생각하면 이러한 이념적 교조주의도 정치적 올바름의 흐름도 꽤나 효과적인 해결책을 제시하고 있는 것으로 보인다. 영화 〈매트릭스〉가 범죄를 일으킨다면 해당 영화 자체를 없애거나 '착한' 〈매트릭스〉 영화를 만들면 된다, 〈스타워즈〉에 백인 남성이 주인공이라 이 사회에 불평등이 야기된다면 영화 개봉을 폐지하거나 '다양한' 인종과 성별, 성적 지향의 캐릭터들로 바꾸면 된다는 식으로.

하지만 생각해보자. 이야기, 미디어, 문화라는 것이 이렇게 이념에 따라 '교정'되어야만 할까? 특정 어젠다에 맞추어 '검열'되어야만 할까? 언뜻 옳은 듯 보이는 이러한 움직임을 면밀히 살펴볼 필요가 있다.

우선 2014년도에 시작된 '게이머 게이트' 논쟁에 대해서 살펴보도록 하자. 인디 게임 제작자인 조이 퀸이 게임 분야에 있는 여성 혐오와 성차별을 호소하면서 시작된 이 논쟁은, 모든 게임이 남성적 시각에 맞추어 시나리오에서부터 캐릭터까지 전부 성차별적으로 만들어졌기에 이를 바로잡아야 한다는 발언이 크나큰 이슈로 번지면서 시작되었다. 더하여 게임의 폭력성과 그에 대한 정부 차원에서의 규제에 대한 이야기도 추가되었다. 결과적으로 게임 업계는 게임의 캐릭터, 내러티브 및 구조를 조금씩 변형하기 시작했다. 캐릭터에 다양한 성별과 성적 지향이 생겼고, 스토리와 배경에도 PC주의적인 요소를 주입하였다. 하지만 곧 게임 업계는 난항을 겪게 된다. 주 소비자인 남성들이 거세게 반발했고, 또 게임의 스토리 진행을 방해하는 인위적인 PC적 요소에 상당한 불만을 표출한 것이다.

또 게임의 폭력성에 대해서도 의견이 갈리기 시작했다. 폭력적인 게임을 소비할수록 범죄율이 높아진다는 가설은 페미니즘 진영을 중심으로 일어났지만 그 근거는 불명확하고 부정확했다. 이들은 폭력적인 게임을 정부 차원에서 규제해야 한다고 주장했다. 하지만 실제 통계는 달랐다. 90년대부터 폭력적인 게임의 소비는 폭발적으로 늘어났지만[1], 청소년의 폭력 범죄율은 시간이 흐를수록 현저히 낮아졌기 때문이었다. 이 둘의 연관성이 확실하지 않다는 것이 통계로 증명되자, 각종 폭력 범죄의 주요 원인이 게임 때문이 아닐 수도 있다는 가설이 새롭게 등장한 것이다. 결국 폭력적인 성향의 사람이 폭력적인 게임과 영화를 비롯한 매체를 주로 소비하고, 이것이 이후 그의 범죄에 영향일 끼친다는 것이다. 생각해보면 당연한 사실이다. 나 역시

〈매트릭스〉를 시청했고 흔히 말하는 폭력적인 게임도 무려 초등학생 시절부터 해왔다. 그럼에도 살인은커녕 폭력에 관련된 범죄를 저질러 본 적도 없고 그러한 충동을 느껴본 적도 없다. 쿠엔틴 타란티노의 영화를 보고 짜릿한 카타르시스와 통쾌함을 느낄지언정, 그와 비슷한 모방 범죄를 일으키고자 한 적은 단 한 번도 없는 것처럼 말이다.

모방 범죄의 가해자는 대부분 정신이상자였다. 따라서 이들이 영화와 게임, 만화 등의 미디어 매체로 인해 정신이상자가 된 것이 아닌 이상 미디어와 모방 범죄를 인과관계로 묶는 것은 다소 섣부르다.

나는 개인적으로 쿠엔틴 타란티노의 영화를 매우 좋아한다. 하지만 그는 정말 오랜 시간 동안, 심지어 최근에 들어서도 수많은 PC적 공세에 시달리고 있다. 그의 영화 〈원스 어폰 어 타임 인 할리우드〉에서 마고 로비의 대사가 적다고 불평을 호소한 기자도 있었다. 예술가에게 들이대는 이러한 압박과 규제가 의미하는 것은 무엇일까? 예술 작품을 특정 이념으로 검열해야 하는 이유는 도대체 무엇인가? 무엇이 이들을 이렇게 불편하게 하는 것인가? 왜 특정 이념의 가이드라인을 따르지 못하면 캔슬 당해야 한단 말인가? 이것이 전체주의와 도대체 무엇이 다르단 말인가?

---

1   Mark Coulson, *FIGURE 1(Video Games Units Sold)* (n.d.) 출처: www.researchgate.net

영화는 영화고, 만화는 만화고, 게임은 게임이다. 사실 원인과 결과를 깊게 따져보지 않고 섣불리 도식화하면 모든 것이 범죄의 도구가 될 수 있다. 2008년 6월 17일 사형을 당한 일본의 미야자키 쓰토무는 몇 차례 소녀를 납치 유괴하다가 붙잡혔는데, 그의 집에는 약 6천 개의 비디오가 있었다고 한다. 거기에는 호러물, 성인물도 있었지만 아동용 애니메이션도 다수 있었다고 한다. 이 사건이 크게 이슈가 되면서 오타쿠 문화에 대한 부정적인 영향이 상당히 거세졌지만, 시간이 지나면서 오타쿠 문화가 직접적으로 범죄를 조장하는 것은 아니라는 인식이 더욱 설득력을 얻고 있다. 흔히 말하는 일본의 서브컬처인 오타쿠 문화는 일본의 문화 외교정책인 '쿨 재팬'의 메인 콘텐츠가 될 정도로 엄청난 규모를 자랑한다. 그러니 아동용 애니메이션이 그의 범행에 결정적인 역할을 했다고 보기는 힘들다. 그가 인격 장애를 가진 사회 부적응자였기 때문에 범행을 저질렀다는 논리가 더 타당하다.

따라서 영화를 비롯한 문화 매체를 검열의 방식으로 교정하려는 움직임은 효과적이지도 않을뿐더러 창작자의 의욕을 감소시키고, 또 소비자에게는 불만을 가져다주는, 초점이 어긋난 운동이다. 그런데 문제는 이러한 움직임이 해당 이념을 지닌 평론가와 기자가 늘어나면서 단발성 운동이 아니라 규모화된 교조적 운동이 되었다는 사실이다.

이와 관련해 말 그대로 '불편함'이 불편했던 개인적인 경험이 있다. 2019년 신카이 마코토의 애니메이션 영화 〈날씨의 아이〉가 개봉된다는 소식을 듣고, 정말 몇 달 전부터 이 영화가 개봉되기를 고대하고 있었다. 그러다 정식 상영 이전에 미리 볼 수 있는 이벤트를 찾아 이를 예약하게 되었는데, 이는 영화 평론가의 해설을 함께 들을 수 있는 큐레이팅 방식의 상영회였다. 내심 평론가들의 평점을 흥미롭게 보았던 터라 기대하며 상영회를 맞이했다.

영화는 재미있었다. 내가 좋아하는 특유의 세계관에 흠뻑 빠져 눈물을 흘렸고 영화가 끝난 후에는 온몸이 얼얼하기까지 했다. 그러나 감동은 오래가지 않았다. 여운을 곱씹으며 극장 의자에 앉아 기다리니 극장 측에서 마련한 '관객과의 대화'가 곧 시작되었다. 영화 평론가는 '일본 불매 운동'이라는 사회적 이슈를 거론하며 자신 역시 그 시기에는 일본 문화를 소비하지 않았다는 어필을 시작했다. 거기에 앉아 있는 사람들도 약간 어처구니없어 하는 듯했다. 굳이 하지 않아도 되는 이야기라고 생각했으나 진짜 복병은 따로 있었다. 곧 평론가가 소위 '불편한 시선'에 대해 이야기하기 시작한 것이다. 〈날씨의 아이〉의 여주인공 '히나'가 희생되어야 하는 그 상황과 전체적인 영화의 구조가 구시대적으로 느껴진다는 것이었다. 또 극중에서 주인공인 '호다카'가 자신에게 도움을 주는 오컬트 기자 '스가'의 친척 동생인 '나츠미'의 가슴에 신경을 쓰는 모습이 나오는데, 이것이 너무나도 불편했다는 것이었다. 감독은 이를 재고하여 차차 스토리를 더욱 세련되게 만들어야 한다고 말했다. 물론 그녀가 하는 말이 무슨 뜻인지는 이해가 되었다. 사실 일본 미디어와 우리나라의 미디어는 이런 부분에서 온도 차가 심하다. 일본 미디어에서 나오는 일반적인 농담이나 화자의 시선이, 한국에서는 성희롱이나 괴롭힘으로 분류될 사항이 정말 많다. 상대적으로 특정 어젠다가 한국 미디어에 뿌리 깊게 침투했다는 것을 알 수 있다. 그만큼 일본의 매체는 비교적 보수적인 내러티브를 유지하고 있다. 그런데 이것을 꼭 불편해야만 할까?

작품의 내적인 서사와 그 의미에 대해서 고찰해주었으면 하는데, '일본 불매'에서부터 '불편한 시선'까지 이야기하니, 영화 내적인 부분보다 외적인 이념의 틀로 영화를 비판하는 모습에 나는 참지 못하고 중간에 나와버렸다. 감동이 와장창 박살 나버린 것이다. '호다카'가 '나츠미'의 가슴을 의식한 것은 작중 고등학생 1학년 남학생의 모습을 묘사한 것뿐이다. 이를 불편하게 본다면 어쩔 수 없지만 보는 사람에 따라서는 위트 있거나 혹은 솔직한 모습으로 볼 수도 있는 장면이다. 또 '히나'가 희생되어야 하는 것은 영화에서도 나온 전형적인 '무녀'의 내러티브다. 그녀의 기도가 작중 세계에 '생명'을 불어넣으면서, 여성의 생명적 가치가 보다 더 원형적인 형태로 묘사된 것뿐이다. 이것이 왜 그리도 불편했을까? 더구나 '히나'는 결국 세상을 위해 자신을 희생하지 않고, 호다카의 말에 따라 자신을 위한 '개인'의 삶을 택한다. 그러니 전체주의나 집단주의라기보다는 개인의 선택에 의미를 둔 '진취적' 뉘앙스마저 띄는 작품인데, 단지 여성이 희생되어야 하는 그 상황이 불편하고, 고등학교 남학생이 여성의 가슴에 신경을 쓰는 부분이 불편해서 영화의 몰입이 떨어졌다면, 작품을 대하는 평론가의 자세에 문제가 있는 것이 아닌지 생각할 필요가 있을지도 모르겠다. 영화를 볼 때만큼은 이념의 렌즈를 내려놓고 보아도 괜찮지 않을까? 이렇듯 현재 영화를 비롯한 많은 예술에 특정 이념의 어젠다가 침투하고 있다.

01 나는 이것이 일종의 '문화 파괴 행위' 라고 본다.

이념에 따른 심판을 강요하는 문예 사조는 창작자의 순수한 의도를 말살한다. 원형적이고 고전적인 미학조차 마구 무너뜨린다. 고정관념을 깨뜨리려는 창의성이 오히려 창의성을 깎아내린다. 벤 샤피로의 말처럼 서구 사회가 이룩해놓은 예루살렘의 종교적 가치와 아테네의 이성의 기둥들을 동시에 무너뜨리고 있는 것이다. 계시와 이성이 역사를 진보케 했다는 그의 말이 요즘 더 와닿는 이유는, 이러한 고전의 가치에 역방향으로 향하는 쇠퇴의 어젠다가 우리 사회를 유토피아로 포장한 전체주의로 끌고 가고 있기 때문이다.

나는 개인적으로 페미니즘적 서사를 지닌 문학에도 당연히 훌륭한 문학적 가치를 지니는 작품이 있다고 생각한다. 특히 나는 국내 영화 중 〈82년생 김지영〉을 재미있게 봤다. 영화에 깔린 어젠다가 지나치게 노골적이지도 않았으며 또 사회에 악영향을 끼칠 것이라는 생각이 들지도 않았다. 서사, 연출, 배우의 연기도 훌륭한 수작이라고 생각한다. 페미니즘도 존재 가치를 인정해야 하는 '새로운 문화'임에는 틀림이 없다. 다만 문화의 교정이 아닌 생성의 방식으로 나아가야 함을 강조하고 싶다. 〈날씨의 아이〉는 〈날씨의 아이〉대로 좋다. 쿠엔틴 타란티노의 영화에서 마고 로비의 대사가 적은 것은 영화의 서사 구조상 불가피한 일이다. 문화를 교정하려 들지 말자. 차라리 〈82년생 김지영〉과 같은 영화를 마음껏 만들어내자. 흥행도 했다. 평도 나쁘지 않다.

미디어와 문학을 대하는 태도가 '교정'에서 '형성'으로

2 3 바뀌어야 한다고 나는 생각한다.

존 크래신스키의 공포 영화 〈콰이어트 플레이스〉가 2018년 개봉되었을 당시, 많은 페미니스트 기자가 영화가 가부장적이라며 크게 비판했다. 아니 도대체 가부장적이면 어떤가? 영화 속 남자 주인공인 리는 자식들과 아내를 대신해 죽임을 당한다. 그리고 에블린은 원치 않는 임신을 통해 낳은 아들을 지키기 위해 수많은 고생을 한다. 가정을 지키기위한 한 남성의 가부장적 행동을 비판하고, 영화 전체에 녹아든 생명 중시의 내러티브가 마음에 안 든다며 영화를 깎아내리는 게 과연 영화를 대하는 올바른 방법일까? 모든 영화가 페미니즘적 교본이 아니면 안 된다는 것인가? 원치 않는 임신에는 무조건 낙태라는 선택이 주어져야 하며, 가족을 위해 목숨을 바치는 가부장적 아버지가 존재하면 안 된다는 이념을 주장하고 싶다면 그것을 충실히 대변하는 새로운 영화를 창조하면 된다. 예술적 가치가 훌륭한 기존의 작품을 한 가지 이념의 틀에 가두어놓고 비판하는 것보다 말이다.

영화 〈조조 래빗〉에 대한 불편한 시선도 마찬가지다. 제2차 세계 대전 당시의 상황을 독일의 나치 꼬마의 시선에서 그려낸 이 영화는 서사가 나치의 편에서 이루어진다는 사실 자체로 비판을 받았다. 그러나 이 영화는 오히려 풍자의 방식을 동원해 나치를 효과적으로 비판한다. 나치인 소년이 겪는 휴먼 드라마에 우리가 공감한다고 해서 정의롭지 못한 나치의 행태가 정당화되는 것이 결코 아니다. 이러한 다양한 관점을 시사하는 매체로 영화만큼 좋은 게 없다. 그러한 면에서 영화는 우리에게 개방적이고 진보적인 시각을 넓혀준다.

한편 2019년 리마스터된 명작 영화 〈작은 아씨들〉을 보고 깊은 감명을 받았다. 배우들의 연기며 감독의 연출이며 영화 안에서 펼쳐지는 배경까지 극장을 떠나고 싶지 않을 정도로 황홀했다. 극중 인물들 사이에 흐르는 미묘한 긴장감과 그 해소가 너무나 절묘해서 135분이라는 상영 시간이 짧게 느껴졌다. 그러나 개봉하자마자 일부 페미니스트 진영에서는 거센 비판을 했다. 비교적 원작 고증에 충실한 영화를 두고, 극중에서 그려지는 여성들의 가정적인 모습이 참 안타까웠다는 지적을 한 것이다. 물론 페미니즘 어젠다는 가정적인 여성을 '억압된 구조'에 갇힌 존재로 본다. 그러한 영화에서 억압된 구조를 자발적으로 원하는 여성들의 모습이 그들 이념의 필터로는 너무나도 불편한 것이다. 종래의 고전적인 가정의 형태를 멸시하고, 남녀 분리주의를 가장 최우선에 두는 지금의 페미니즘적 어젠다를 따르는 사람들은 주인공 '조세핀 마치'가 사랑이 필요하지 않은 것 같은데도 공허한 마음이 든다고 하는 뉘앙스 자체를 불편해한다. 그러나 이 영화는 오히려 주인공 조세핀을 굉장히 진취적이고 진보적으로 묘사했다. "저는 차라리 자유로운 노처녀가 되어 스스로 노를 저어 나아가겠어요", "내 인생은

나 스스로 만들어갈 거예요", "여성도 심장이 있듯 마음과 영혼이 있어요. 아름다움이 있듯 야망과 재능이 있어요. 저는 사랑이 여성의 전유물이라는 말에 질려버렸어요"처럼 각색된 부분들은 오늘날 환영받는 '주체적인 여성상'의 반영으로 볼 수도 있고 그러한 어젠다가 영화의 몰입을 방해하지도 않는다. 오히려 당시 시대 상황과 자연스럽게 융화돼 몰입감을 선사한다.

조지 오웰은 "모든 예술은 프로파간다다"라고 말했다. 원래부터 예술가는 중립을 지키기가 매우 힘들다. 비교적 중립적이라는 작품조차 작가의 철학이나 사상이 기본 원형으로 작품에 내재되기 마련이다. 그래서 진보적 사상을 내세우는 영화감독이 실수인 듯 보수적 가치를 옹호하는 영화를 만들기도 하고, 보수적 소재로 시나리오 집필을 하다가도 종국에는 좌파적 뉘앙스를 띠는 작품이 탄생하기도 한다. 그러므로 중요한 것은 예술 작품이 중립적이냐, 아니냐가 아니라, 얼마나 예술적 완성도가 있느냐, 자연스럽게 이를 공감할 수 있느냐, 감정을 이입할 수 있느냐, 어떤 감동을 느낄 수 있느냐일 것이다.

보수적인 가치를 선호하는 사람이라고 해서 좌파적 뉘앙스를 띠는 영화를 캔슬할 의무는 없다. 싫으면 소비하지 않으면 그만이다. 마찬가지로 내가 페미니즘적 어젠다를 굳건히 믿는 사람이라고 해서 그러한 뉘앙스를 띠지 않는 작품에 별점 테러를 남길 필요도 없다. 영화는 열린 시각으로 보면 된다. 예술만큼 자유로움이 보장되어야 할 분야가 있을까? 예술은 받아들이는 사람에 따라 다르기도 하고, 무엇보다 만든 이의 의도와는 다른 반향을 얻기도 한다. 영화의 작품성은 작가의 이념과 프로파간다적인 주제 의식을 넘어서기도 한다. 그렇기에 나는 편견 없이 모든 영화를 소비하는 편이다. 이념의 색이 노골적으로 짙어 서사에 방해가 수준이 아니라면 대부분 영화 속 세계에 푹 빠져 최고의 시간을 보내곤 한다.

반면에 작품 자체가 특정 이념 위에 세워져 작품성이라고는 찾아볼 수 없는 영화도 보인다. 1984년 영화 〈고스트 버스터즈〉를 리부트한 영화 2016년판 〈고스트 버스터즈〉가 그렇다. 전미 박스오피스 오프닝 1위에 빛나는 흥행을 기록했지만 결과적으로 제작비의 2배를 넘지 않는 수익을 거뒀을 뿐이며 무엇보다 영화 자체에 대한 평가는 최악이었다. 원작의 등장인물을 모두 여성으로 바꾸고 백인 남성을 멍청한 비서 역할로 두면서 원작의 매력을 모두 깎아먹었다. 나아가 영화 자체의 서사적 재미마저 잃어버린 작품이 되어버렸다. 페미니즘적 어젠다가 노골적으로 들어가 있는 영화였지만, 정작 페미니스트에게도 환영받지 못하는 비운의 작품이 되고 말았다. 페미니스트 기자들마저 영화를 강렬하게 비판했기 때문이다. 의학계에 실재하는 성추행과 성폭행에 관한 내용이 극중에 없고 거기다가 유색인종 여성에 대한 성차별의 현실이 담기지 않았다는 것이었다. 본래 영화의 목적에 따라 재미있으면 되는데(물론 재미도 없었다) 거기에 현실 사회의 문제를 반영하지 않았다고 비판하는 것은 도대체 영화를 무엇으로 보려는 것일까? 모든 영화가 페미니즘 교육 영상이어야 하는 걸까? 서사가 어떻고, 등장인물의 캐릭터가 어떻고, 행동의 동기와 전체적인 연출이 어떻고 하는 것이 문제가 아니라 의학계의 존재하는 성추행과 성폭행에 관련된 내용이 영화에 반영되지 않았다고 비판을 하는 기사문이 세계적으로 널리 읽히는 신문 〈워싱턴 포스트〉에 올라와 공감을 받는다면, 지금 우리는 어떤 세상에 살고 있는 것인지 제대로 한번 생각해보아야 함에 틀림이 없다.

영화 〈포레스트 검프〉가 개봉한 지 20년이 지난 근래에 급격히 비판을 받기 시작한 것도 같은 맥락에서다. 무엇보다 주인공이 백인 남성이라는 것이 가장 큰 문제라는 것은 물론이고, 심지어 영화 전반에 깔린 '기독교적 가치' 때문에 비판을 받고 있다. 기독교가 타 종교보다 더욱 중요하게 묘사되고 있다는 것이다. 그리고 전쟁과 군인, 특히나 미군을 좋은 쪽으로 묘사했다는 것도 문제로 꼽히고 있다. 그런데 그러면 안 되는 것일까? 아메리칸 드림과 자본주의의 필요성을 설파하는 것도 진정한 미국의 가치를 잘못 전달하는 것이라고 주장한다. 〈포레스트 검프〉는 다큐멘터리 영화가 아니고 시대의 가치를 고루 반영할 이유도 없다. 또 영화에서 보수적인 가치들이 다루어졌다고 해서 보수 성향의 영화라고 볼 수도 없다. 할리우드 명예의 거리에 입성하기도 한 〈포레스트 검프〉의 감독 로버트 저메키스는 심지어 민주당 지지자다.

이번에는 픽사의 극장판 3D 영화 〈인크레더블 2〉의 경우를 살펴보자. 2005년 아카데미 시상식에서 장편 애니메이션상을 수상한 〈인크레더블〉의 후속작인 이 영화는 전작과 분위기가 완전히 다르다. 〈포레스트 검프〉가 보수적 가치를 다루어 비판을 받았다면, 〈인크레더블 2〉

는 진보적 가치, 혹은 페미니즘적 어젠다를 반영해 화제가 되었다. 전작에서 '미스터 인크레더블(백인 남자)'이 메인 히어로로 극을 이끌어 간 것과 대비되게 후속작의 주연은 그의 아내 '엘라스틱걸'이며, 전작이 비교적 전통적인 가족상을 보여주었다면 후속작은 이러한 전통적인 가정의 성 역할을 완전히 바꾸어 현대사회의 모습을 더욱 밀도 있게 반영했다. 페미니즘 진영에서도 대부분 찬사를 보내는 등 영화의 외적으로도 내적으로도 좋은 평을 받았다. 두 영화를 감독한 브래드 버드가 언급했듯이 이 영화는 이념 위에 세워진 영화가 아니다. 그렇기에 페미니즘적 어젠다가 녹아 있어도 전혀 부자연스럽지 않은 것이다. 〈인크레더블 2〉에서 주인공 미스터 인크레더블은 강하지만 힘 조절이 어려워 사람들에게 많은 피해를 준 반면 그의 아내인 엘라스틱걸은 유연함과 비파괴적인 힘으로 사회에 큰 기여를 하게 된다. 그래서 결국 남편인 인크레더블은 집에서 전업으로 육아를 맡고 아내는 사회의 치안을 담당하는 일을 하게 되면서 둘은 과거의 성 역할이 역전된 상황을 맞는다. 그 과정에서 싸움도 일어나고, 각자 하게 된 새로운 역할에 대해 고찰하는 시간도 갖는데, 그 상황 묘사가 굉장히 사실적이다. 남편인 미스터 인크레더블은 밤을 새며 육아를 해도 도저히 실력이 늘지 않는다. 이에 반해 아내는 자신의 여성적 특성으로 오히려 사회 활동을 더욱 진취적으로 해나간다. 우울감에 뒤덮인 남편과는 다르게 자신감 있게 일과를 해내는 것이다. '모계 사회'로 향해가는 오늘날 모두가 공감할 수 있는 장면들이 전체적인 서사와 잘 어우러진다. 이 영화에는 '이래야 한다' 혹은 '저래야 한다'라는 교조주의적 암시가 없다. 그저 현 사회의 모습을 위트 있게 그려낸다. 페미니즘적 어젠다가

들어가 동류의 기자들도 기뻐하고, 영화 자체로도 완성도가 있어 흥행도 했으니 감독은 아주 지혜롭게 영화를 잘 만든 셈이다. 그리고 무엇보다 이러한 이념적 분석과 검열을 신경 쓰지 않고도 재미있게 볼 수 있는 영화다. 그냥 이렇게 즐기면 되는 영화를 열심히 불편 레이더를 돌려가며 검열하고 거기에 통과된 영화만 안심하며 보는 일은 얼마나 신경질적인가?

눈에 보이는 대부분의 차별은 제도와 법에 의해 철폐되었다. 그러다 보니 이제는 눈에 보이지 않는 미세한 차별을 찾기 위해 필사적으로 불편 레이더를 돌리는 사람들이 나타나게 된 것인지도 모른다. 어떻게 보면 불편함이 곧 그들의 연료인 셈이다. 무언가 불편한 것을 찾아야 자신의 에너지가 타오를 수 있다. 우월감을 느낄 수 있고, 정적인 세상을 동적으로 바꾸어가는 쾌감을 얻을 수 있다. 세상이 더욱 좋은 곳으로 변화하고 있다는 확신마저 느낀다. 이러한 문화 전쟁은 'PC 문화'와 '반PC주의'의 대립으로도 나타나기도 하고 '남녀 갈등'으로 나타나기도 한다.

오늘날 대부분의 PC적 교정은 페미니즘적 어젠다를 통해 이루어진다. 급기야 영화와 연극, 게임 등을 비롯한 각종 문화 산업에 '여성', '성 소수자', '인종의 다양성'이라는 다양성의 요소를 강제 주입하려는 '깨어난 지식인'들과 이에 반발하는 밀레니얼 및 주머 세대를 포함하는 '밈 세대'의 전쟁이 시작되었다.

깨어난

12

지식인

100퍼센트 올바른 정의는 존재할 수 없다. 시대적 가치에 따라 정의도 계속 변화하기 때문이다. 하지만 이념과 신념의 전쟁은 계속해서 저마다 100퍼센트 올바른 정의를 사회에 주입하려 한다. 세상에 100퍼센트 올바른 정의가 있다고 믿는 순간 생겨나는 것은 잔혹한 폭력뿐이다. 정답을 향해 가는 모든 행위가 정당화될 수 있다는 믿음은 대화의 기회를 봉쇄하고 반대 의견을 강하게 억압한다.

미국의 인기 가수 조지 쿠스노키 밀러[1]가 과거 유튜버 시절에 했던 농담이 다시금 화제가 되면서 그의 커리어를 끝장내기 위한 'JOJI'sover-party'라는 트위터의 해시태그가 한동안 유행했다. 그가 과거에 흑인을 비하하는 말인 'N워드[2]'를 사용한 것이 한 트위터 유저에 의해 재조명된 것이다. 미국의 인기 유튜버 제나 마블[3] 역시 과거의 흑인 가수인 니키 미나즈의 메이크업을 따라하고 인종차별적인 농담을 한 것이 재조명되면서 '캔슬Cancelled'되었다. '캔슬'이란 '취소되다, 무효화되다' 라는 뜻으로, 과거나 현재에 잘못을 저지른 유명인을 집단적으로 보이 콧하거나 공격을 행하는 행위를 말한다. 사회적 현상으로 널리 나타나 이제는 하나의 문화로 일컬어질 정도인, 이 캔슬 컬처는 트위터 등의 온라인을 중심으로 지금도 수많은 유명인의 커리어를 끝장내고 있다.

이러한 잔혹한 일을 행할 수 있는

---

1 1992년 일본 오사카에서 일본인과 호주인 부모님 사이에 태어난 혼혈 가수. 2011년부터 2017년까지 유튜브 채널 'TVFilthyFrank'를 제작해왔고, 이후로는 JOJI라는 예명으로 뮤지션 활동을 이어가고 있다.
사진 © Samuel Kenwright

2 흑인을 비하하는 단어. 흑인들 사이에서는 친밀하게 쓰이기도 하는 용어이지만, 다른 인종이 사용하면 모욕과 경멸, 하대의 의미를 지닌다.

3 2010년 'How to trick people into thinking you're good looking'라는 영상을 업로드하면서 화려한 커리어를 시작한 1세대 유튜버.

이유는 '캔슬'을 하며 몰려다니는 이들이 스스로를 '깨어난 지식인'이라 자부하기 때문이다. 무엇이 옳고 그른지를 자신들의 기준에 맞추어 생각하고,

또 그것을 100퍼센트 완벽한 정의라고 믿기 때문에 온라인에서 우르르 몰려다니며 대상을 주저 없이 박살낸다.

또 군중 속에 익명으로 숨으면 책임이 가려지기에 잔혹성은 배가 된다.

조지의 커리어를 끝내기 위해 앞장섰던 한 트위터 유저에게 사람들이 농담을 가지고 왜 그렇게 난리를 치냐며 항의하자, 그는 과거 조지의 발언을 농담으로 받아들일 수 없다는 트윗을 게재했다. 그러자 한 흑인 청년이 조지의 N워드가 기분 나쁘지 않았으며, 그것은 캐릭터의 맥락상 이해할 수 있는 농담이라고 댓글을 달았다. 그러자 유저는 흑인에게 'Coon'이라는 단 한 단어만 남긴 채 대화를 끝냈다. 'Coon'은 흑인을 경멸하는 단어이다.

깨어난 지식인은 세상을 독단적으로 심판하고 자아도취에 빠진다. 그들은 자신이 타인을 심판할 수 있는 위치에 있다고 생각한다. 집단적인 캔슬 행위를 통해 사이버상에서 독재에 가까운 권력을 얻기도 한다. 그런데 과연 이러한 캔슬 컬처는 정말 옳은 것일까? 무슨 일이 생길 때마다 우리는 정의의 심판을 '깨어난 군중'에게 맡겨도 되는 것일까? 깨어난 군중은 도대체 누구일까? 이러한 집단을 이루는 사람들은 도대체 어떤 사람들일까? 10대에서 30대까지 다양한 트위터 유저들은, 자신들의 '깨어남'을 '유희'로 즐기는 사람들이다. 이 깨어남의 주파수는 대체적으로 여성, 성 소수자, 인종에 관한 이슈로 향해 있는데, 주로 농담이나 묘사가 조금이라도 불편할 경우 트위터를 통해 순식간에 널리 퍼뜨린다. 이들은 자신들의 정의가 100퍼센트 옳기 때문에 이와 조금이라도 어긋나는 사람들은 몰매를 맞아야 한다는 식으로 굴면서 올바른 정의를 세우려 한다. 하지만 그 정의의 잣대는 너무나도 불분명해서 정작 본인이 그 정의를 어기기도 하는 모습을 심심치 않게 볼 수 있다. 그런데 "그냥 철없는 10대, 20대들의 발언이다. 자그마한 움직임이다"라고 하기에는 이들의 목소리에 상당한 무게가 실리고 있다는 점이 문제이다.

익명성과 군중성, 그리고 기존 위계질서를 뛰어넘는 힘을 가진 온라인상의 사회 정의 투사들 때문에, 한 사람 한 사람의 목소리가 더욱 주목을 받고 힘을 가지게 된 것이 사실이다. 그렇다고 해도 이러한 사회 정의 투사들이 하루 종일 트위터를 붙잡고 있으면 무슨 일이 일어날까? 계속해서 바뀌는 이슈를 졸졸 따라다니며, 선동을 가하고 당하면서 깨어남이라는 우월감을 즐기는 사이에 사라지는 것은 단지 시간뿐이 아니다. 무언가를 바꾸고 있다는 홍분에 자신의 에너지가 소비되는 순간, 세상의 활기는 오히려 사라져간다. 깨어남이 아니라 죽어감에 더욱 가깝다. 집단의 어둠에 잠식되어 개인의 빛이 사라져 간다.

그야말로 불편함의 시대가 도래하였다. 내가 더욱더 불편할수록 더 잘 아는 사람이고 더욱더 남을 잘

비판할수록 더
똑똑한 사람처럼
여겨진다. 그러나
이것은 크나큰
착각이다. 사실
당신은 제대로
아는 것이 없다.
집단의 어젠다에
이끌려 아는 것

같은 기분이 들 뿐이다.

거기서 얻는 알량한 소속감과 거짓된 정의감을 빨리 떨쳐내지 않는 한 당신은 깨어남에 중독되어 마침내 현실에서는 아무것도 아닌 자신에게 크나큰 분개심을 느끼게 될 것이다. 세상을 바꾸는 듯한 재미에 빠져 있는 동안 나 자신은 아무것도 바뀌지 않은 채 뒤로 물러나 있는 사실에 허망함을 느낄 것이다.

세상은 더 나은 곳으로 변화해야 한다. 계속해서 좋은 곳으로

바뀌어야 한다.
더 나은 곳으로
성장해야 한다.
그런데 그 변화는
외부로부터
이루어지는
것이 아니다.
세상을 바꾸는
듯한 황홀감과

우월감에 취하는 것은 쉽지만
정작 나 자신을
정확히 바라볼
때 느껴지는
처량함은 도저히
마주하기가
쉽지 않다.

2
3 그럼에도 스스로
변해야 한다.

내가 성장하고 발전해야 주변 사람을 도울 수 있고, 주변 사람에게 도움을 주었을 때 사회가 더 나은 곳으로 발전할 수 있는 토대가 마련된다. 악쓰고 떼쓰는 짓은 어린아이나 하는 일이다. 나이가 들면 성인이 되지만 개인으로서 사고하고 행동하며 책임을 질 때 비로소 우리는 어엿한 어른이 될 수 있다. 나이만 먹은 어른 아이가 늘어갈 때, 개인의 책임을 다하지 못하면서 '깨어남'만을 빙자할 때 세상은 더욱 어두운 곳이 된다. 집단에 의지하기 전에 나 먼저 누군가가 의지할 수 있는 사람이 될 수 있도록 스스로를 돌아보아야 한다.

밈 세대

13

13. 밈 세대

진보 지식인 스티븐 프라이는 "대학가를 중심으로 퍼져나간 PC주의가
많은 젊은이들을 '우파 신병'으로 만들고 있다!"라고 말한다. 사실 PC
는 좌우를 막론하고 추구할 수 있다. 특히나 러시아 같은 나라는 우파
적 정치적 올바름이 압도적이다. 하지만 북미를 비롯한 서구권에서는
좌파적 정치적 올바름이 더욱 성행한다. 국내에서도 미국처럼 좌파적
정치적 올바름이 강세를 보이면서 상대적으로 '우파'나 '보수적 가치'
에 대해 관심을 갖는 흐름이 생겨나고 있다.

비록 나는 나 자신을 어느 정치적인 영역에 두지 않기로 했지만, 근래
에 들어 '보수적인 가치'와 '종교적 윤리'에 관심을 두게 된 것이 사실
이다. 물론 조던 피터슨의 가르침에 지대한 영향을 받았지만, 애초에
조던 피터슨이 전 세계적으로 경이로운 인기를 끌게 된 시대적 상황도
함께 고려해야 할 것이다.

부끄러운 이야기지만 나는 20대 후반까지 정치에 관심이 전혀 없었다. 과장이 아니라 진보와 보수의 정치적인 뜻도 잘 알지 못했다. 아무래도 나와는 전혀 상관이 없는 일이라 생각했기 때문이었다. 내 친구들도 마찬가지였다. 새벽까지 아르바이트를 하고, 해외여행 계획을 짜고, 여자 친구와 데이트를 했다. 더군다나 나는 사회생활도 늦게 시작한 편이라 그전까지는 도저히 정치나 시사에 관심을 가질 겨를이 없었다. 그래서 은연중에 불안하기도 했다. 정치에 대해 너무 아는 것이 없어 걱정하며 진보와 보수에 대해 인터넷에 검색해보기도 했지만 몇 자 읽다가 곧 그만두기 십상이었다.

그랬던 나에게 정치적 관심의 계기가 된 것이 다름 아닌 '페미니즘'이다. 이후로 정치는 나의 삶과 뗄 수 없는 것이 되었다. 모든 정치적 이슈가 매일같이 나를 괴롭힌다. 신경 쓰이고 답답하고 화가 나기도 하고 스트레스도 이만저만이 아니다.

사람을 만날 때도 그렇다. 상대가 진보적 가치관을 지녔는지, 보수적 가치관을 지녔는지부터가 신경이 쓰인다. 전에 없던 편 가르기가 시작된 것이다. 나 자신을 진보나 보수의 영역에 두지 않으려는 이유도 이 때문이다. 어느 한 영역에 위치하게 되면 포기해야 하는 부분이 상당히 크다. 나는 언제나 개방적이고 예술적인 사람이고 싶다. 진보적 가치를 예술로 승화시키면서도 문명을 발전시킨 보수적 권위를 인정해야 내가 개인으로서 보다 더 발전할 수 있음을 알고 있다. 나름의

---

1 유튜브 채널: TheMunkDebates
영상 제목: Munk Debate on Political Correctness - Pre-Debate Interview with Stephen Fry

규칙과 루틴을 통해 정적인 삶을 살면서도 가끔은 계획 없이 무질서한 혼란 속에 빠져 동적인 행위를 통해 영감을 얻기도 한다.

이제는 떼려야 뗄 수 없게 된 수많은 정치적 이슈들이 더 많은 사람을 PC주의자로, 또 더 많은 사람을 안티PC주의자로 만들어내고 있다. 즉, 정치관이 양극단으로 더욱 벌어지고 있다. 천문학적인 인기를 얻게 된 보수 코미디언이나 언론인의 유튜브를 보면 확인할 수 있다. 무엇보다 보수 미디어 '데일리 와이어'를 창간해 200억이 넘는 순자산을 쌓은 벤 샤피로의 주 구독자는 놀랍게도 20대, 30대 남성이다. 젊은이들이 보수 매체에 이렇게나 열광한다는 사실이 놀랍지 않은가? 내가 진보와 보수에 대해서 잘 몰랐을 때조차 대학가를 주름잡은 것은 대체적으로 '진보적인 마인드'의 학생들이었다. 피켓을 들고 머리를 밀던 여학생들은 물론 자신을 뼛속까지 빨갱이라고 이야기했던 친구까지도 그랬다. 당시에는 그러한 주변 환경의 레퍼런스들을 전혀 몰라서 무심히 보아 넘기며 지냈는데, 지금 생각해보면 은근히 후회된다. 지금이라면 조금 더 다이내믹하게 대학생활을 해볼 수도 있었을 것 같다. 시위와 운동을 하던 친구들, 끊임없이 치열하게 대화를 나누던 친구들의 모습을 다시금 보고 싶은 것이다. 그때 그 친구들에겐 정말 뜨거운 열정이 있었다.

그런데 지금은 상황이 조금 다르다. 보수 코미디언 스티븐 크라우더의 대학가 토론 영상들의 조회수는 1천만이 우습게 넘어간다. 더 이상 정치적 보수의 주 소비자들은 나이가 지긋하게 든 '전통 수호자'들이 아니다. 젊은층이 합세한 것이다. 그것도 엄청난 속도로 말이다. 2016년 공화당의 트럼프가 대통령으로 당선된 것도 급격히 불어난 PC주의에 피로를 느낀 사람들이 늘어났기 때문이라는 분석도 있다. 지긋지긋한 PC적 질문에 비아냥으로 대처하는 트럼프를 보며 '속이 시원하다'고 느낀 젊은이들이 폭발적으로 늘어난 것이다.

일종의 작용, 반작용 현상으로 보아도 문제는 없어 보인다. PC주의가 창궐하고 안티PC주의가 나타났다. 이렇게 정치의 양극단화가 심해지면서 더욱더 많은 이슈들이 생겨나고 있다. 그런데 의문이 생긴다. 왜 누군가는 PC주의자가 되고, 또 누군가는 안티PC주의자가 되는 것일까? 또 다른 시각에서 누군가는 진보주의자가 되고, 다른 누군가는 보수주의자가 되는 것일까? 이와 관련해 흥미로운 연구가 있다. 바로 태생적인 '유전자'에 의해 자신이 진보적 성향을 가질지, 보수적 성향을 가질지에 대한 요소들이 30~40퍼센트 이상 결정된다는 연구다. 그리고 현상을 인지하고 느끼는 방식에 따라서도 유전자에 의한 차이가 나타날 수 있다는 것이다.[2] 누군가 다쳤을 때 진보주의자들의 뇌에서는 고통을 감지하는 '체성 감각' 부위가 활성화된 것에 반해, 보수주의자들의 뇌에서는 '이성'을 담당하는 대뇌가 활성화되었다고 한다.

2　Ryota Kanai Tom Feilden Colin Firth Geraint Rees, *Political Orientations Are Correlated with Brain Structure in Young Adults* (2011) Current Biology, 21, PP.677~680.

여리고 감수성이 풍부하며 공감 능력까지 높은 사람은 많은 것을 보호하고 싶어한다. PC주의도 결국 '보호'의 일환이다. 여성들이 차별받지 않도록, 성 소수자들이 상처받지 않도록, 다른 인종들이 불편함을 느끼지 않도록 하는 이루어지는 모든 교정 행위는 선량한 마음에서부터 시작된 것이다. 하지만 앞서 6장에서 설명했듯이 '과도한 동정심'은 부정적인 결과도 불러온다. 동정심은 감정이다. 감정이 과하면 우리는 이성적인 결정을 내리기가 어려워진다. 일반적으로 남성보다 여성이 더욱 감성적이고 감정적이다. 분명 그렇지 않은 여성들도 있지만 대개 공감과 연대를 중요시하며, 성장과 경쟁보다 안전과 조화를 우선순위에 두는 경향이 있다. 여성호르몬과 남성호르몬의 차이를 떠나서라도 과거부터 음과 양, 질서와 혼란, 아담과 하와 등 남녀 각자의 특성들이 성별 간의 문화를 오랜 시절부터 다듬어왔다. 이러한 역사를 압제로 해석하며 성 역할의 고정관념을 부수기 위해 페미니즘이 생겨났지만 도리어 과거보다 남녀 갈등은 더욱 심각해졌고, 오히려 남녀의 차이가 더욱 두드러지는 결과를 초래했다.

그렇다고 여자는 진보이고 남자는 보수라는

이야기가 아니다.
또 여자는 무조건
PC적 가치관을
지녔고 남자는
이에 반하는
생각을 지녔다는
것도 아니다.
다만 2010년대
이후로 '깨어난

지식인'(대부분 젊은 여성)들이 나타나면서부터 '밈 세대'(대부분 미성년 남성)로 분류되는 안티PC 문화가 동시에 형성된 현상은 주목할 만하다.

'깨어난 지식인'들이 대부분 '진보'라는 정치적 스탠스를 지니는 것에 반해, '밈 세대'는 자신을 특정한 정치 영역에 두지는 않는다. 단순히 '팩트 체크'와 '유머'에 중심을 둘 뿐 정치에 대한 진지한 고민에는 관심이 없다. 이들이 곧 '우파 신병'이 될지, 그냥 '안티PC 전사'로 남을지는 각자의 가치관에 따라 달라진다.

개인 유튜버로 전 세계 1위의 구독자를 자랑하는 퓨디파이를 보면 이 현상이 아주 확실하게 이해가 된다. 가끔 선을 넘는 언행으로 PC적 미디어의 눈에 찍힌 퓨디파이는 2017년 유대인에 관한 농담을 했다가 곤혹을 치렀다. 인종 관련 이슈에 민감한 PC주의자들은 그에게 가차없는 공격을 감행했고, 맥락을 고려하지 않은 미디어의 편파적인 보도로 그와 계약을 맺은 디즈니와 구글은 그에게 제공하던 파트너십 계약과 광고 지원 프로그램을 해지했다. 이에 많은 구독자들이 불만을 표출했고 특히 비교적 어린 남성들이 유머를 유머로 보지 못하는 사람들과 대립하며 PC주의에 대해 경각심을 가지는 계기가 되기도 하였다. 특히나 이 사건을 지켜본 유대인 유튜버 이단이 퓨디파이를 적극적으로 지지하면서 코미디언이 더 이상 코미디를 할 수 없는 끔찍한 PC주의에 대해 많은 유튜버들이 자신의 생각을 이야기하기 시작했다. 유대인 유튜버 이단은 자신도 유대인이지만 그의 농담에 전혀 상처를 받지 않았다고 말했다. 그러면서 그는 이러한 정치적 올바름을 주창하는 사람들을 '불편하지 않은 사람 때문에 불편함을 느끼는 사람들'이라 표현하며 이러한 불편함에 도리어 적지 않은 불편함을 표명했다.

유머의 한계선이 점점 좁아지고 있다. 과보호가 만들어낸 나약함이 모든 종류의 유머를 죽이고 있다. 정작 당사자가 괜찮다고 해도 자신들의 과도한 동정심이 이를 허락하지 않는다. 어떠한 경우라도 누군가가 상처를 입어서는 안 된다. 그런 가능성조차 허락되어서는 안 된다.

비꼼과 모순, 아이러니와 풍자를 비롯한 유머를 금지하는 것은 결국 '표현의 자유'를 원천적으로 봉쇄하겠다

는 것밖에 되지 않는다. 표현의 자유를 막는 것은 곧 전체주의로 향하는 지름길이다. 자유로운 사회일수록 '광대'가 마음껏 비아냥거리며

떠들어댈 수 있어야만 한다.

코미디언이 코미디를 할 수 없는 시대, 지금이 바로 그 시대다. 스탠드 업 코미디언들은 이제 대학가에서 코미디를 할 수가 없다. 웃길 수가 없기 때문이다. 모든 것에 상처를 받는 나약한 밀레니얼 학생들은 유머보다는 정치적 올바름에 더욱 익숙하기에 언제 웃어야 할지 알 수가 없다. 그들에게도 어느새 불편 레이더가 생겼기 때문이다.

지금 이들과 더불어 주목해야 할 세대가 또 있다. 바로 '주머 세대'다. 주머 세대는 밀레니얼 세대의 다음 세대로, 1990년대 중반부터 2010년 대 초반에 출생한 이들을 말한다. 보통 1946년에서 1964년도에 태어난 베이비 부머Boomer 세대와 대조적인 의미를 나타낸다. 주머 세대는 밀 레니얼 세대와 또 다르다. 주머 세대는 다른 세대보다 진보적이고 개 방적이어서 동성애 결혼과 트랜스젠더의 평등권 등을 긍정적으로 보 지만 PC주의만큼은 밀레니얼 세대보다 더욱 강한 거부감을 지니는 듯 하다. 왜냐하면 이 세대는 수많은 '인터넷 밈'을 보며 자라온 '밈 세대' 이기도 하기 때문이다.

인터넷 밈은 우리말로 하면 '짤방' 정도 될 것이다. 짧고 자극적인 사진이나 영상을 공유하며 서로 키득거리는 커뮤니케이션으로의 일종으로, 이로 인해 주머 세대를 '밈 세대'라고도 부른다. 이 인터넷 밈이 얼마나 큰 영향력을 지니는지는 앞서 말한 퓨디파이를 통해서도 알 수 있다. 약 1억 명의 구독자를 지닌 퓨디파이의 주 콘텐츠 중 하나가 바로 '밈 리뷰'이기 때문이다. 그는 자신의 팬 사이트에 포스트된 우스꽝스러운 사진과 영상을 보며 웃기도 하고 놀라기도 한다. 이러한 밈은 대부분 시의적절하게 현 사회의 이슈를 통찰하며 세대를 아우르는 마법 같은 힘을 지닌다. 이러한 밈을 소비하는 밈 세대에게 유머는 정말 소중한 것이다. 그러니 이 밈 세대가 PC주의적 행태를 좋아할 리가 없다.

때때로 PC미디어의 이중 잣대가 밈의 형태로 재탄생되기도 한다. 일종의 선순환이 형성되는 것이다. 예를 들어 PC적 잣대로 사회에 만연한 성차별에 대해 울부짖었던 지식인의 과거 트위터에서의 무척이나 성차별적인 발언들이 밈의 형태로 다시금 조명되거나, 무차별적으로 폭언을 일삼는 '사회 정의 투사'들의 우스꽝스러운 모습이 담긴 사진이 밈이 되어 공유되는 것을 볼 수 있다. 여기엔 비판과 해학, 시사와 유머가 담겨 있다. 이러한 밈들을 즐겨온 밈 세대는 정치적 올바름에 곧바로 거부반응을 일으킨다.

내 채널의 시사 관련 영상들 대부분도 해외에서 유행하는 밈을 소재로 한다. 사회문제를 내포하는 밈을 소개하고 이를 해석하는 방식으로 영상을 제작하고 있다. 이러한 영상은 젊은 남성들의 시청률이 매우 높고, 또 댓글과 '좋아요' 등의 참여가 높은 편에 속해 곧 인기 영상으로 자리 잡곤 한다. PC주의적인 검열에 맞서는 밈을 보며 다함께 즐거운 시간을 가지는 것이다. 하지만 이 밈 세대가 표현의 자유라는 개념을 완벽히 인식하고 있기 때문에 PC주의를 거부하는 것일까?

블랙 팬서를 연기한 배우 채드윅 보스만이 대장암으로 사망하자 한 국내 기사가 '대장암도 뚫지 못한 비브라늄 갑옷'이라는 표현을 제목에 실어 화제가 되었다. 이 표현에 대한 반발이 거세지자 해당 기사의 제목이 바뀌었다. 나는 이 과정을 흥미롭게 여겨 유튜브 커뮤니티에 해당 기사를 올리면서 표현의 자유와 PC주의에 관한 관점으로 나름의 해석을 첨언했다. 나는 사람들이 나의 관점에 호응해줄 줄 알았다. 대부분의 영상에서 그래왔기 때문이다. 하지만 비교적 어린 친구들로부터는 전혀 다른 반응이 나왔다. 그 기사를 쓴 기자를 욕하는 것부터 시작해 그 화살이 곧 나에게로 돌아왔다. 저 표현은 PC와 상관없이 기분이 나쁘며 무조건 잘못된 것이기 때문에 기자도 잘못했고 그런 식으로 해석한 나도 문제가 있다는 것이었다. 기자를 비판하는 사람들은 죽음을 이렇게 가벼이 여기거나 고인을 능욕하면 안 된다는 의견이 주를 이루었고, 화살을 나에게 겨냥한 사람들도 이것은 PC주의랑 상관없이 무조건 잘못되었다는 것이었다. 그러면서 "님은 조던 피터슨이 어쩌고저쩌고하면서 뒤졌다는 표현을 쓰면 기분 좋아요?"라는 댓글을 남기는 사람도 나타났다.

나는 우선 일부 사람들이 나의 입장에 동의하지 않은 것에 대한 실망과 당혹스러움이 매우 컸다. 표현의 자유를 지지하는 편이기에 그 어떠한 표현도 비판을 받을지언정 교정을 강요당할 필요는 없다고 생각해왔고, 이를 항상 영상에 잘 녹여왔다. 시청자들 역시 이를 좋아했기에 이번 주제에도 비슷한 반응이 나오리라 생각했다. 하지만 전과 다른 점이 있다면 영상이 아닌 글이고, 또 소재 자체가 해외의 것이 아닌 국내의 것이었다. 어쩌면 이 두 가지 차이가 몇몇 사람들을 조금 더 공격적이고 참여적으로 만들었던 것은 아닐까? 영상과는 다르게 글에는 '톤'이 담기지 않아 글의 분위기나 내용을 해석하는 방향이 읽는 사람에 따라 천차만별로 달라지고, 또 국내 기사에 관련한 이슈다 보니 조금 더 피부에 와닿았던 것은 아닐까? 나중에 가서야 왜 이 이슈에 대해 진정으로 이해하지 못하느냐며 청년층 구독자가 나의 논점을 제대로 이해하고 해당 댓글에 반론했지만 일부 밈세대는 알 수 없는 분노에 휩싸여 자신과 대치되는 의견에 욕이 섞인 비난을 서슴지 않고 퍼부었다. 댓글상으로 싸움을 멈추지 않는 사람들도 있었다.

즉, 밈 세대는 뚜렷한 정치 성향을 가진 세대가 아니다. 밈 세대는 자신들의 문화를 지키기 위해 선택적으로 방어할 뿐이지 진짜 정치적 올바름이 무엇인지, 표현의 자유가 무엇인지 제대로 이해하는 사람은 그리 많지 않아 보인다. 민감한 사건, 죽은 사람 심지어는 혐오 표현 그 자체의 검열이나 규제에 반대하는 것이 '표현의 자유'라는 정의다. "PC랑 상관없이 죽은 사람에 대해서는 그렇게 말하면 안 된다"라는 말 자체가 '표현의 자유'에 반대된다. 그러니 나를 기분 나쁘게 하기 위해 "조던 피터슨이 어쩌고저쩌고 죽었다고 하면 기분 좋습니까?"라는 댓글 역시 나의 기분을 상하게 할지언정 그 말을 할 자유는 이미 당사자가 안전히 누리고 있다. 결국 밈 세대가 곧장 정치적인 세대라고 볼 수는 없다. 그저 자신들의 문화를 지키고자 하는 마음이 더 큰 것이다. 이들이 진보적 PC주의에 불편함을 느낀다고 해서 정치적 보수와는 의외로 큰 관련이 없는 것이 사실이다. 안티페미니즘과 정치적 좌우가 절대적인 관련이 없는 것도 이와 같은 맥락이다.

하지만 이러한 현상을 보면서 넌지시 화두를 던질 수는 있다. 즉 각종 이슈, 특히나 이 밈을 통해 알게 된 정치적 올바름과 페미니즘, 그리고 표현의 자유라는 것이 어젠다에 따라 좌우, 진보와 보수 등의 정치적 가치관과 연결된다는 사실을 알려줄 수는 있는 것 아닐까? 나부터가 그렇다. 정치에 대해 전혀 모르던 시절 페미니즘이 큰 이슈에 올랐고, 이후로 PC주의와 이에 관한 밈을 공유받으면서 진보와 보수의 개념을 어렴풋이 알게 되었을 정도다. 그러니 밈 세대를 끌어들이기 위해 좌우를 막론하고 밈을 활용한 캠페인을 만들어내기도 한다. 트럼프는 퓨디파이가 미디어의 PC적인 검열에 고통을 받고 있을 때 트위터를 통해 그를 적극 지지하며 젊은 층에게 깊은 인상을 남겼다. 또 밈을 활용한 캠페인을 유튜브에 게시하기도 했다. 그는 쏟아지는 밈 콘텐츠의 수혜자였다. 특히나 그의 목소리를 합성해 만든 노래가 현재 1억 이상의 조회수를 자랑하기도 했다. 해당 노래를 제작한 유튜버는 마에스트로 지코스로, 그의 채널 대부분의 합성 영상이 트럼프에 관한 것인데, 구독자는 250만 명이며 채널 조회수는 약 5억 가까이 된다. 그만큼 많은 사람들이 트럼프 밈을 소비하고 있는 것이다. 이러한 현상은 확증 편향에 의해 트럼프 본인에게 매우 좋은 쪽으로, 혹은 매우 나쁜 쪽으로도 작용할 수 있다. 이러한 오늘날의 밈이 대중에게 미치는 파급력과 에너지는 정말 상상을 초월할 정도다.

밈 세대의 또다른 특징은 바로 SNS다. 밈이 퍼지기 위해서는 이를 전달하고 공유할 수 있는 플랫폼이 필요한데, 특히나 사진 및 영상을 전달하고 공유하고 방송하는 유튜브, 페이스북, 인스타그램 등을 빼놓고 이 세대를 논하기란 불가능하다. 단지 밈 세대뿐만이 아니다. 상호작용의 시대적 수단이 된 SNS는 사람들의 일상에 엄청난 파급력을 가지게 되었고 이로써 아이러니하게도 더욱 원시적인 '부족주의'와 '추적군중'이라는 특성이 더욱 극명히 나타나고 있다. 사실상 경계 없는 전국가적인 '부족'과 '군중'이 생겨난 것이다.

추적 군중

14

14. 추적 군중

노벨 문학상을 수상한 엘리아스 카네티의 저서 《군중과 권력》에 따르면 '추적 군중'이란 목표하는 대상이 죽기 직전까지 끝나지 않는 군중의 집요한 추적을 의미한다. 카네티는 신문이라는 매체에 의해 일어나는 '사회적 죽음'에 주목했다. 이는 목표 대상에게 어떠한 죄책감도 느끼지 못하는 기자와 신문을 읽는 구독자들이 신문을 통해 하나의 군중을 이뤄 아무렇지도 않게 공개 처형에 가담하는 모습을 말한다. 이전에는 처형을 보기 위해 멀리서 직접 와야 하는 물리적인 한계가 있었지만, 신문이라는 매체 덕에 사람들은 더욱 쉽고 무책임하게 잔인한 처형을 구경할 수 있게 되었다. 이러한 군중은 목표가 되는 대상의 죽음을 일종의 '축제'처럼 즐긴다. 그러나 그 기쁨도 잠시, 군중에 의해 일어나는 이러한 죽음은 곧 군중의 와해로 끝맺고, 그렇게 해산된 군중의 일원들은 일종의 공허감마저 느끼게 된다. 그것이 대상의 물리적 죽음이든 사회적 죽음이든 말이다.

그로부터 약 반세기가 지난 지금, 신문이라는 매체는 SNS로 바뀌었다. 이 추적 군중은 트위터, 페이스북, 인스타그램, 유튜브 등 온라인상에서 계속해서 형성되고 와해되기 일쑤다. 정말 수많은 유튜버가 이러한 추적 군중에 의해 '사회적 죽음'을 당하고 있다. 군중은 희열에 휩싸여 목표하는 대상이 사라질 때까지 추적을 멈추지 않고, 목표물의 사회적 죽음이 달성되면 곧 흩어져 다른 목표가 나타날 때까지 모습을 감춘다. 그렇게 누구도 책임을 지지 않고 대상의 사회적 죽음을 이끌어낸다. 이들의 목표물은 자잘한 잘못을 저지른 유명인들로, 특히 유튜브 생태계 속에서는 '잘나가는' 유튜버들이다.

이슈가 생긴 유튜버들의 영상을 찾아가면 정말 끔찍한 광경을 목격할 수 있다. 보기만 해도 움츠러드는 과격한 댓글이 아무렇지도 않게 달려 있다. 그러한 댓글이 수많은 '좋아요'를 받으며 상위에 랭크되어 있음은 말할 것도 없다. 추적 군중에게 죄의식은 없다. 상대의 잘못이 명백하기에 자신의 공격은 정당화된다. 잔인할수록 즐겁다. 상대의 죽음은 군중의 승리이기 때문이다. 그렇게 유튜버는 추적 군중에 의해 사회적 죽임을 당한다. 이와 동시에 이들 추적 군중은 순식간에 흩어진다. 이 잔인한 공격에 대해 누구 하나 책임지지 않는다. 군중의 구성원은 하나의 '군중' 그 자체로서 인격을 갖기 때문이다. 그러므로 어떤 행동이든 거리낌이 없다. 목표를 이루기 위해 열을 올릴 뿐이다. 여기서 사회적 정의라고 통용되는 것은 집단의 대의, 하나뿐이다. 시간이 조금만 지나도 이것이 얼마나 비이성적인 행태였는지, 잔인한 살인의 현장이었는지 누구나 알 수 있지만 잔인한 축제가 끝나면 깊게 반성하는 사람도, 이에 책임을 지는 사람도 찾아보기가 힘들다.

추적 군중이
목표로 하는
대상은 '잘못'을
저지른 사람이다.
무고한 사람을
공격하는 일도
드물지 않지만,
기본적으로
이들의 폭력엔

언제나 '도덕적 정당성'이 있다. 하지만 이 심판자들이 법정에서의 판사와 검사, 또는 심판에 중요한 결정을 하는 배심원들과

동일한 자격을 가지고 있을까? 그들의 정의감을 신뢰해도 괜찮을까?

대부분의 SNS 스타나 연예인 등 유명인이 저지르는 잘못과 실수는 그들이 특별히 더 못났기 때문에 일어나는 게 아니다. 존 론슨 Jon Ronson[1] 의 말처럼 "우리는 모두 현명하면서도 멍청한 사람들[2]"이기 때문이다. 하지만 군중에게는 그러한 역지사지의 사고가 없다. 이것이 군중이 가지는 가장 큰 문제점이자 위험성이다. 군중 속으로 들어가는 순간 사고가 멈춘다.

존 론슨은 이러한 SNS시대의 위험성을 누구보다도 빠르게 인식했다. 그래서 이에 대한 문제를 저서와 강의를 통해 꾸준히 알려왔다. 그의 말에 따르면 군중은 자신들이 목표하는 대상을 끌어내릴 때 강력한 희열을 느낀다고 한다. "우리가 잘못된 것을 바로잡는다", "이는 정의의 민주주의화와도 같다", "정의를 이룩한 순간 모두가 평등해진다. 위계질서는 곧 사라진다", "우리는 세상을 더욱더 좋은 곳으로 만들 것이다"처럼 이들은 세상을 좋게 바꾸어가고 있다는 착각에 사로잡힌다. 하지만 이러한 추적 군중의 움직임은 더 본능적인 동기에 의해 일어난다는 사실을 알아야 한다. 목표하는 대상을 쫓을 때 군중은 희열을 느낀다. 대상이 죽임을 당했을 때 그들은 환호한다. 이것은 피의 축제이자 부족사회부터 뿌리 깊게 내려온 집단적 본능이기도 하다. 사회정의라는 그럴듯한 개념으로 포장해도 본질은 바뀌지 않는다.

존 론슨은 조나 레러라는 작가의 일화를 예시로 든다. 그는 과거 표절과 거짓된 인용구로 구설수에 오르며 대중에게 수많은 질타를 받았다. 뼈저리게 반성하던 그는 마침내 한 컨벤션에서 대중에게 사과할 기회를 얻었다. 그에게는 사회적으로 구원을 받을 마지막 기회였다. 하지

1
영국의 유명 작가이자 다큐멘터리 제작자.
대표 저서로 《염소를 노려보는 사람들》, 《사이코패스 테스트》가 있다.
사진 © Gage Skidmore

2
유튜브 채널: TED
영상 제목: How one tweet can ruin your life | Jon Ronson

만 도착하자마자 그는 사과를 위해 마련된 장소에 트위터 피드도 함께 배치된 것을 보았다. 그가 사과를 시작하자 트위터 피드에는 사람들의 욕이 난무하기 시작했다. 마치 인민재판을 하듯 날카로운 돌덩이가 셀 수 없을 정도로 많이 날아왔다. "조나 레러는 시답지 않은 사과를 한다!", "조나 레러는 이 수치를 감당할 여력조차 없는 인간이다!", "조나 레러는 끔찍한 소시오패스다!" 군중은 그의 인격을 파괴하기 시작했다. 군중은 상대를 죽이고 싶지 결코 용서하려 하지 않는다. 용서는 정신적으로 성숙한 사람만이 가능한 행위다. 그러므로 군중에게는 용서가 불가능한 것이다. 실제 격식과 규율을 지닌 재판이었다면 어땠을까? 피고인이 자신을 용서해주길 애걸할 때 배심원들이 그를 조롱하고 모욕하며 폭력을 휘둘렀을까? 그는 무릎을 꿇고 빌었다. 그러나 군중은 절대 공격을 멈추지 않았다. 오히려 환호했다. 이러한 상황이 끝나면 군중은 해체된다. 그리고 곧 공허함을 느낀다. 심판의 대상이 사라졌기 때문이다.

능력 있는 정치인들은 이러한 군중의 특성을 누구보다 정확하게 파악하고 있다. 그래서 이들은 보통 사과하지 않는다. 사과하는 순간 추적 군중에 의해 사회적 살인이 일어난다는 사실을 누구보다 잘 알기 때문이다. 또한 이들은 이러한 군중의 특징을 일찍이 파악해 선동하기도 하고 자신에게 유리한 쪽으로 조종하기도 한다.

군중에는 고뇌가 없다.

단순하면서도 저열한 동기에 의해 쉽게 움직인다. 끊임없이 와해 되고 형성되기를 반복한다. 그러한 군중의 구성원이 되어

파도에 휩쓸리듯
움직일 때,
우리는 개인의
주체성을 완벽히
상실한다. 대의를
따라 이리저리
끌려다니며
희생되는 것은
개인의 시간

2
3

뿐만이 아니다.
개인으로서의
힘도 서서히
잃어버린다.

인간은 개인으로 태어나 집단과 사회 안에서 살아간다. 그러나 집단 안에서 살아가는 개별자와 군중은 다르다. 군중 속에서는 개인이 주체적으로 사고하기가 쉽지 않다. 개인의 의견을 펼쳐보이는 순간 군중 밖으로 배제되거나 공격당할 가능성이 매우 크다. 이러한 군중에 휩쓸려 살아가지 않기 위해서는 어떻게 해야 할까? 어떻게 하면 주체적인 개인으로 사고하고 결정하며 행동할 수 있을까? 수많은 이슈에 벌떼처럼 달라붙기 전에 한 발짝 뒤로 물러서기 위해서는 어떻게 하면 좋을까?

방법은 간단하다. 만일 나라면 그 상황에서 어떻게 행동했을지 생각해보는 것이다. 당신은 유명인들이 저지르는 자잘한 잘못과 실수를 절대 일으키지 않으리라 확신할 수 있을까? 그들이 정말 천성이 쓰레기이고 머리가 나빠서 그러한 일을 꾸미고 저질렀다고 단정해야 옳을까? 우리보다 못난 사람이든 잘난 사람이든 사람의 생각은 크게 다르지 않다. 우리는 모두 다르면서도 같은 인간이기 때문이다.

여기서 한번쯤 생각해볼 사안이 있다. 바로 '나치'에 대해서다. 당신이 제2차 세계대전이 한창인 독일에 태어나 게르만족의 혈통을 지닌 군인 집안의 자식이었다고 가정해보자. 그렇다면 당신은 당신이 나치가 아니었으리라 확신할 수 있을까? 나치 정권 당시 수감된 많은 유대인을 구출한 독일 사업가 쉰들러와 같은 정의로운 영웅이었음을 확신할 수 있을까? 통계로 접근해보자. 물론 개인적인 신념에 따라서도 행동은 달라지지만 실제로 영웅이 되어 역사에 기록된 사람들은 극소수다. 즉, 나와 당신도 나치였을 확률이 높다. 심지어 당대의 나치 국민들은 유대인 학살을 당연시했고 축제처럼 여기며 히틀러를 찬양하기도 했다. 독일 국민들이 특히 더 우매해서 그렇게 행동했을까? 물론 군중은 대부분 어리석다. 정의로웠던 군중은 역사에 극소수로 기록될 정도로 적다. 히틀러에 의해 독일 국민은 집단적 광기를 보이는 군중으로 탄생했다. 그러니 당신과 나도 거의 확실한 확률로 나치로 살았을 거라는 추측이 가능하다. 이것은 무엇을 뜻할까? 나치의 악행이 정당화된다는 것일까? 아니다. 나 또한 그러한 악행을 저지를 수 있다는 가능성에 대한 이야기다. 동시에 군중의 위험성에 대한 실증적 교훈이기도 하다. 내가 나치가 될 수도 있음을 인정할 때 우리는 신중해진다. 우리가 세뇌되어 우매한 군중으로 돌변할 수 있다는 가능성을 인정할 때 우리는 보다 더 주체적으로 사고하려 노력할 수 있다.

더불어 그 가능성을 인정해야만 모든 이슈에서 한 발짝 거리를 두고 생각하게 될 것이다. 군중의 광기에 휩쓸려 누군가를 잔인하게 공격하지도, 앞뒤 맥락도 없이 비난하지도 않을 것이다. 내가 책임질 수 있는 것만을 말하고 행동하게 될 것이다. 집단과 군중을 뛰어넘는 개인의 절대적 가치를 지켜내게 될 것이다.

물론 대한민국에서 이러한 개인의 가치를 유지하기란 좀처럼 쉽지 않다. 우리는 혐오의 감정으로 똘똘 뭉치기도 하고 앞뒤 생각하지 않고 벌 떼같이 달려들어 너도나도 군중의 대열에 합류하기도 한다. 집단의 연대 의식이 주는 안도감과 흥분, 희열은 거부하기 어렵다. 군중의 구성원이 되는 것에는 분명 중독성이 있다. 축제의 형태를 띤 피 없는 살육의 현장은 사회정의로 포장된다.

당신은 상대의
죽음을 바라고
있다. 그것이
사회적 죽음이든
물리적 죽음이든
상관없다.
그러나 당신은
결코 정의의
사도가 아니다.

희열을 원하는 추적 군중일 뿐이다. 이 사실을 명심하면 어떤 대상에게 무심코 돌을 던지기 전에 한 발짝 물러설 수 있을 것이다.

보수와

전편

15

사람들은 레이블을 좋아한다. 무엇이든 유형화하고 분류하기를 선호한다. 왜냐하면 그것이 새로운 대상을 파악하는 손쉬운 방법이기 때문이다. 국내에서 오래도록 열풍을 일으켰던 혈액형에 따른 성격 분류를 떠올려보아도 알 수 있다. A형은 어떻고 B형은 어떻고 하는 것을 모두가 근거 있는 상식처럼 믿었다. 사람의 성격을 어떻게 단 네 가지로 구분할 수 있겠느냐마는 신빙성이 있다며 국민적 상식으로 자리 잡기도 했다.

　우리나라와 일본 등에서 혈액형으로 사람들의 전반적인 성격을 구분한다면 서구권에서는 별자리가 이를 대신한다. 그나마 별자리는 12개로 혈액형보다는 가짓수가 훨씬 많다. 그럼에도 사람의 성격을 단 12가지로 나눌 수 있을까? 개인의 성격과 취향을 판단하는 근거로 혈액형과 별자리가 이렇게나 오래도록 사람들의 입에 오르내리는 이유는 무엇일까? 조금 더 과학적인 성격 유형 검사도 마찬가지다. 요즘 유행하는 MBTI는 인간의 성격을 16개로 나누어 많은 사람들의 공감을 받고 있다.

공신력 있는 검사의 성격 유형 분류가 16가지라면, 실제 사람의 유형은 70억 가지가 넘는다. 같은 유전자를 갖고 태어나 동일한 환경에서 자라온 일란성 쌍둥이조차 성격이 다르다. 그렇기에 사람을 안다는 것은 결코 쉬운 일이 아니다. 누군가를 제대로 알아가기 위해서는 적지 않은 시간이 필요하다.

인터넷 커뮤니티에서 나의 정치적인 스탠스를 가지고 사람들이 토론을 벌인 적이 있다. 내가 멘토로 따르는 조던 피터슨이 우파 인사이니, 나 역시 우파에 가깝다는 주장이 토론의 시작이었다. 하지만 내가 어떤 영상에서도 직접적으로 정치적 견해를 드러낸 적이 없기 때문에 우파 유튜버라고 특정 짓는 것은 매우 성급하다는 의견도 있었다. 결과적으로는 정치 성향을 단정할 수 없다는 결론에 이르러 나의 정치적 스탠스는 미분류 상태로 보류되었다. 그리고 페미니즘에 관한 비판적인 영상이 많다 보니 결국 안티페미니즘 성향의 인물로 분류하는 것으로 마무리되었다.

물론 나는 나 자신을 안티페미니스트라 특정 지은 적도 없고, 사람들의 토론 내용과 같이 우파나 보수주의자라고 내세운 적도 없다. 그럼에도 사람들은 이러한 구분 짓기를 무척이나 좋아한다. 종교 역시 마찬가지다. 사람들은 한동안 나의 종교에 대해서도 토론을 나누었다. 심지어는 신천지 교인이라는 소문까지 나돌았는데 전혀 근거 없는 공격이었다. 하지만 이러한 레이블은 강력한 힘을 지닌다.

조던 피터슨도 자신을 우파라 칭한 적이 없다. 심지어 인터뷰에서 우파냐는 직접적인 질문에 전제 자체를 거부하는 모습을 보이기도 했다. 그는 일반적인 보수나 진보, 좌파나 우파 등의 레이블을 선호하지 않는다. 굳이 자신의 정치적인 입장을 표명해야 한다면 '고전적 자유주의자Classical liberal' 정도일 것 같다는 말을 했을 뿐이다.

다양한 우파 지식인과 서너 시간이 넘는 대화를 수차례 진행해온 조 로건Joe Rogan[1] 역시 자신을 진보나 보수의 영역에 두기를 원하지 않는다. 그가 수많은 보수 지식인들과 깊이 있는 대화를 나누는 것을 보며 사람들은 그에게 보수주의자라는 레이블을 붙이려 했지만 그는 몇 번이고 자기 자신이 어느 쪽에도 속하지 않음을 주장해왔다.

나 역시 보수주의자라든가 우파라는 말을 줄곧 들어왔다. 영상에서 자주 인용하는 조던 피터슨과 벤 샤피로 등이 어쨌든 '보수적 가치'를 강하게 옹호하는 사람들이기 때문이다. 물론 나 역시 이들을 통해 배우며 여러 사회현상을 고찰해왔기 때문에 이들과 비슷한 가치관을 가지고 있다고 볼 수 있다. 동경하고 또 존경하는 인물들이기도 하다. 하지만 그들에 비해 나는 아는 것이 한참 부족했기에 보수주의에 대해 부지런히 공부해보고자 했다. 이슈나 시사를 통해서만 접했지 보수주의라는 이념을 제대로 공부해본 적은 단 한 번도 없기 때문이었다. 그래서 제목에 '보수주의'가 들어가는 책은 몽땅 사서 펼쳐놓고 빠르게 훑어보았다. 또 이미 친근했던 벤 샤피로의 저서를 전부 읽고, 한 편당 몇 시간에 걸친 팟캐스트를 들으며 나름의 공부와 고찰을 이어나갔다.

조던 피터슨이 '표현의 자유'와 '기독교적 가치' 그리고 '개인'이라는 개념을 통해 보수적 가치를 직접적으로 옹호하며 이를 설파해나가고 있다면, 벤 샤피로는 서구 문화를 이룩하는 '이성'과 '계시'의 두 기둥을 중심으로 보수적 가치의 중요성을 설득력 있게 전파하고 있다. 그는 유대인임에도 기독교적 가치를 중요시하며 아테네와 예루살렘을 중심으로 철학과 종교, 과학을 넘나들며 지금의 서구 사회가 어떻게 이렇게나 번영할 수 있었는지를 논리정연하게 설명한다. 그러면서 현재의 극좌적 어젠다가 어떠한 방식으로 서구 사회를 전체화시키는지에 대해 설명하는데, 그 과정과 행태가 현재 우리나라의 모습과 전혀 다르지 않아 놀라울 정도였다. 이렇게 나는 그의 저서에 감명을 받고, 또 이를 계기로 그의 팟캐스트 애청자가 되었다.

그런데 어째서 나는 왜 정치적 우파나 보수주의자로서의 레이블을 원하지 않는 것일까? 사소한 이유로는, 단어가 주는 어감이 나와 너무나도 맞지 않기 때문이다. 단어 자체가 주는 의미만 따지자면 나는 매우 진보적인 사람이고, 상당히 개방적인 사람이기도 하다. 보수라는 단어는 듣기만 해도 무언가 꽉 막힌 듯한 느낌이 든다. 아마도 많은 젊은이들이 보수적인 가치를 옹호하면서도 보수주의자라 불리기 두려운 것은 바로 이러한 어감을 무시할 수 없기 때문일 것이다.

---

1   미국의 코미디언이자 팟캐스트 '조 로건 익스피어리언스'의 호스트 및 이종격투기 해설가. 보수 논객들과의 인터뷰가 연이어 메가히트를 기록하고 있지만 본인의 정치적 성향은 진보에 가깝다. 2020년 대선에서는 민주당의 버니 샌더스를 지지한다고 말하기도 했다. 하지만 공식적인 정치 성향은 '무소속'이다.

사진 © Steven Crowder

거기에다 사회의 분위기도 한몫한다. 그나마 요즘은 끓어오르는 PC주의에 대한 반발, 밈 그리고 이를 전달하는 SNS 덕에 보수주의자에 대한 인식도 꽤 바뀌었다고 생각한다. 하지만 아직도 대학가를 장악하는 것은 좌파적 어젠다이다. 특히나 미국을 보면 대학가에서 정치적 좌파가 우파에게 밀리는 경우는 단 한 번도 없었다. 사실상 좌파가 대학가를 지배하고 있다고 과언이 아니리라. 미디어나 예술계, 영화계 역시 동일하다. 좌파적 가치를 옹호하지 않으면 할리우드에서 살아남을 수가 없다. 고정관념의 울타리를 넘어버리는 것이 포스트모더니즘적 예술의 가치이자 특유의 정체성이기도 하다.

한편 타고난 성격도 영향을 끼친다. 감수성이 풍부한 사람일 경우 비교적 좌파로 치우친다는 연구 결과[2]가 있다. 앞선 이야기와 연결지어 설명하는 것도 가능하다. 젊은 사람일수록 감수성이 풍부하기 때문에 대학가에 좌파적 이념이 뿌리 깊게 자리 잡을 수 있고, 예술가들 역시 일반인들보다 감수성이 예민한 경우가 훨씬 많기 때문에 사고의 방향이 감정에 의해 좌우될 수가 있다는 것이다. 나 역시 그러하다. 감수성도 풍부하고 동정심도 많은 편이다. 예술가적 기질이 있어 고정관념을 싫어하고 항상 새로운 것을 기웃거리곤 했다. 어릴 적부터 질서보다는 혼돈을 좋아했다. 그러니 오래도록 나는 좌파적인 사람이었는지도 모른다. 물론 정치만큼은 관심이 없었기에 정치적 좌파는 아니었어도 말이다. 이러한 성향을 고려하면 나를 보수라고 규정하기는 어렵다.

무엇보다 가장 큰 이유는 군중의 끔찍한 공격 때문이다. 정치적으로 어느 편에 서는 순간 인간성을 상실했다고 봐도 될 정도로 잔인한 공격이 시작된다는 것을 나는 안다. 많은 수의 채널 구독자 및 시청자들이 내가 페미니스트들로부터 악플이나 공격을 받을 거라 예상하는데, 지금껏 채널을 운영하면서 페미니스트에게 직접적으로 받은 악플 비슷한 댓글은 손에 꼽는다. 그마저도 조금 비아냥거린 것뿐이지 나에 대한 인신공격은 찾아보기 힘들었다. 적어도 내 채널에서는 그랬다. 놀랍게도 나의 영상에 달린 대부분의 극심한 악플은 '정치적 신념'이 강한 사람들이 쓴 것이었다. 이들은

영상의 내용을 반박하기보다 메신저인 나를 공격하면서

---

2 *Liberals are more emotion-driven than conservatives* (2014) 출처: www.sciencedaily.com

인격 모독도 서슴지 않았다. 이데올로기에 홀린 자들은 자신과 조금이라도 입장이 다른 이를 적으로 대했다. 정치적 좌우만이 이들의

삶의 목표 그 자체인 듯했다.

그래서 이후로 나는 좌파나 우파를 직접적으로 비판하거나 거론하는 일을 삼갔다. 자신들이 절대적으로 옳은 정답을 안다는 태도에서 오는 거만함과 분개심이 나를 적잖이 두렵게 했기 때문이다. 심지어 이들의 정치적 신념은 종교적인 믿음보다도 강렬해 보였다. 그들은 자신의 모든 자원을 투자해 상대를 괴롭힐 준비가 되어 있는 듯했다. 대화가 불가능해 보였다.

좌파와 우파 모두 완벽하지 않다. 올바른 길을 찾기 위해 고군분투할 뿐 정답은 존재하기 힘들기 때문이다. 그렇기에 대화를 나누어야 한다. 서구에서 그려지는 극좌파와 극우파의 갈등은 언제나 상대 진영과 대화를 나누려 하지 않는 데에서부터 시작된다. 상대의 발언권을 무작정 혐오 표현, 가짜 뉴스라며 캔슬을 남발한다. 그리고 놀랍게도 이러한 상황은 국내에서도 동일하게 일어난다. 국내의 어떤 정치 유튜버는 자신의 시청자를 이용해 자신과 다른 가치관을 지닌 채널을 신고하도록 선동하기도 한다. 반대하는 의견은 논리적으로 비판하면 된다. 하지만 대화의 장 자체를 무너뜨리면서 신고를 통해 발언권을 막는 행태는 너무나도 비성숙한 모습이다. 다른 의견을 지녔다는 이유로 입막음을 당하며 비상식적인 공격을 감내해야 하는 상황은 반드시 바뀌어야 한다. 진정한 진실은 좌파나 우파에 있는 것이 아니다. 진실은 이데올로기와 이념을 넘어선 지점에 존재한다.

그렇기에 나는 나 자신을 어느 특정한 정치적 영역에 두기보다 개인으로서 유연히 사고하며 우리가 진정으로 지켜야 할 가치에 대해, 또 변화시켜야 할 것들에 대해 깊이 고찰해나가려 한다. 그러한 과정을 지속적으로 해나가고 있기 때문에 내 채널의 시청자들은 극단적인 정치관을 지니고 있는 사람들이 드물다. 정확한 통계치는 알 수 없으나 보수와 진보, 좌파와 우파가 비교적 고루 분포되어 있음을 댓글을 통해서나마 확인했다. 물론 적지 않은 수가 정치에 관심이 없거나 중도 혹은 무소속이기도 하다. 채널 자체가 정치색이 짙지 않은 탓도 있으리라. 페미니즘, 정치적 올바름, 표현의 자유, 조던 피터슨 등의 소재와 이야기가 주를 이루지만, 정치적 이슈와 상관없는 자기 계발과 엔터테인먼트의 영상들도 적지 않아서일 것이다.

나를 비롯한 모두가 사실 고민하고 고뇌하며 진실을 찾고자 하는 사람들이다. 좋게 말하면 공부하는 중이고 나쁘게 말하면 방황하는 중이라고 할 수 있으리라. 결국 사람들이 찾고자 하는 것은 무엇일까? 진보와 보수, 좌파와 우파에 속하면서 우리는 무엇을 이루고자 하는 것일까? 아마도 각자가 중요하게 여기는 정치적이거나 개인적인 가치를 지지하기 위해서일 것이다. 그리고 그러한 가치가 사라지지 않도록 힘을 보태며 사회 구성원으로서 살아 있음을 느낀다. 이것이 우리가 계속해서 대화하고 논쟁하며 고찰하고 싸우는 이유일 것이다. 상대를 입막음하고 상대에게 삿대질을 하며 하늘에 대고 주먹을 휘둘러보지만, 어쩌면 모두가 스스로에게 외치고 있는 것인지도 모른다.

"나는 이러한 가치를 위해 싸우고 있습니다. 이것은 내게 가장 큰 의미를 지닙니다. 내 삶에 새로운 가치를 부여합니다. 그 가치는 자유가 될 수도 있고 평등이 될 수도 있습니다. 혹은 각자가 생각하는 교조주의적이고 절대적인 신념일 수도 있지요." 이를 위해 싸우는 동안은 삶의 열정과 희열을 느낄 수 있다. 이 모든 행위에 의미가 없다면 그 누구도 남을 해치면서까지 울분을 토하지는 않을 것이다.

하지만 그 싸움이 끝나도, 심지어 그 싸움에서 이긴다고 해도 우리의 내면에는 채워지지 않은 구멍이 남는다. 결국 불편함을 외치며 사회의 변혁을 꿈꾸었던 사람도, 진정한 유토피아를 위해 개인의 삶을 희생한 사람도 존재론적 공허를 완벽히 메우지는 못한다. 결국 이토록 잘난 우리가 계속해서 놓치고 있는 무언가가 있는 것은 아닐까?

종교의

16

이유

지금 나는 교회에 다니지 않는다. 어린 시절에 다니긴 했지만 제대로 신앙심을 가져본 적도 없고 지금은 더 이상 기독교인도 아니다. 과거와 달리 오늘날은 기독교를 포함한 종교인의 수가 눈에 띄게 줄고 있다. 계몽주의 사조의 등장과 과학의 발달로 지난 3세기 동안 서구 사회의 신은 급격히 죽어갔다. 과거 다윈의 진화론은 충격 그 자체였다. 현대에 이르러 리처드 도킨스가 쓴 책 《이기적 유전자》는 많은 사람들에게 삶에 대한 회의감마저 안겨주었다. 사람들은 현실적인 문제를 해결해주지 못하는 기독교적 교리에 신물이 났고, 종교인의 각종 부패와 스캔들은 덤이었다. 그렇게 사람들은 점차 종교를 멀리하게 되었다. 특히 근래에는 기독교를 희화화하는 밈이 쉽게 만들어지고 온라인을 통해 널리 퍼지고 있다.

어릴 적 나는 교회 수련회에 자주 갔다. 가족이 전부 기독교인이기 때문이었다. 그리고 수련회에 갈 때마다 황당한 일을 겪었다.

3박 4일간의 교회 수련회는 지방에 있는 넓고 허름한 기도원에서 이루어졌다. 아이들과 청년 지도자들은 곧 무너질 듯한 숙소에 함께 짐을 풀고 거대한 강당으로 향했다. 각종 레크리에이션 활동을 하고 영화를 보고 저녁을 먹고 나면 진짜 지옥이 시작됐다. 신의 언어라 불리는 '방언'이 터지기 전까지 예배는 끝나지 않았다. 전도사는 목청을 내지르며 아이들에게 방언을 강요했다. 괜찮으니 소리치라 했다. 그러나 겁에 질린 아이들은 쉽게 방언을 터트리지 못했다. 애초에 방언이라는 것이 무엇인지 확실히 아는 아이들도 거의 없었다. 마치 외계어처럼 들리는 방언을 목회자와 청년 지도자들이 터트리자 아이들은 더욱 당황하기 시작했다. 계속되는 큰 피아노 음악과 마이크로 울려 퍼지는 방언이 머리를 어지럽게 했다. 급기야 분위기에 못 이겨 울면서 방언을 터트리는 아이의 목소리가 들려왔다. 하지만 그것이 진정 '신의 언어'인지는 심히 의심스러웠다. 어디서 많이 들어본 단어들이 뒤섞여 있었기 때문이다. 예를 들면 '깐따삐아' 같은 단어였다. 그렇게 밤이 늦도록 어린아이들은 귀가 멍멍해질 때까지 사람들의 방언을 들으며 그 시간을 견뎌야 했고 방언이 터지지 않은 아이들은 예배가 제발 끝나기만을 간절히 기도해야 했다.

한번은 방언이 터지지 않으면 보내주지 않겠다는 전도사에 말에 무릎에 감각이 없어질 때까지 버티며 혼자만의 싸움을 한 적도 있다. 그렇게 몇 시간에 걸쳐 자존심 싸움을 하다가 옆에 있던 친구가 거짓 방언을 터트린 후 숙소로 돌아가는 것을 보았다. 여기서부터는 기억이 모호한데 아마도 나는 끝까지 버텼던 것 같다. 그때의 그 극심한 스트 레스만큼은 아직도 기억이 난다.

해가 거듭될수록 어쩐지 수련회도 우습게 느껴지고 교회 안의 여러 시 스템이 이상하게 여겨지기도 했지만 그런가 보다 하며 넘기다가 세월 이 흘러 여차여차 교회와 멀어지게 되었다. 여러 가지 일이 겹쳐 우리 가족의 신앙생활이 많이 느슨해진 탓도 있었다. 그러면서 점차 나는 내가 기독교인이 아니라는 것을 깨달았다.

돌이켜 생각할수록 어린아이에게 방언을 강요한 교회의 강압적인 문화에 화가 났다. 인격적으로 성숙하지 못한 교회 목사님도 원망스러 웠다. 과학과 이성으로 풀이하지 못하는 수많은 모순과 허황된 이야기 를 절대적으로 믿으라고 강요하는 것도 억지스럽게 느껴졌다. 무조건 적인 믿음을 강요하는 전도 방식 역시 상식 밖의 일이었다. 무엇보다 신앙생활은 현재의 삶과 직접적인 연관이 없어 보였다.

하지만 신앙생활을 하는 기독교인들이 밉지는 않았다. 대부분의 교인들은 성실하고 독실했다. 그들이 풍기는 분위기도 좋았다. 다만 나와는 맞지 않다고 생각했다. 신앙 없이도 나는 충분히 남에게 다정 하고 선할 수 있기 때문이었다. 종합해보면 기독교 문화, 특히나 한국 의 교회 문화에 대해 반감을 가지면서도 기독교적 가치나 체계에 대해 서는 비교적 긍정적으로 생각하고 있었다.

이것은 풀리지 않은 수수께끼 같았다. 나는 분명 신앙심도 없고 어설 프게 나를 전도하려는 사람에게 화가 나기도 하는데 왜 나는 이 기독교적 가치를 전면적으로 부정하려 들지는 않는 걸까? 이해가 되지 않았다. 기독교라는 하나의 요리에서 편식하듯 신앙심과 믿음만 빼고 얌삽하게 좋은 것만 골라 먹는 것일까? 왜 나는 교회에 다니지도 않으면서 기독교적 가치를 중요시하며 살았던 걸까? 단순히 어린 시절부터 교회에 다녀 그 가치 체계가 뿌리 깊게 내면화되어서일까? 이러한 물음은 강약을 달리하며 나의 20대 전반을 지배했다. 그러다 우연히 서구 사회를 부흥으로 이끈 '유대 기독교적 가치'에 대해 공부하면서 이 오랜 물음은 단숨에 풀렸다.

자유의 가치와 자본주의의 경쟁 체제, 인간의 자유의지와 숭고한 목적의식 모두 '유대 기독교'로부터 파생된 것이다. 인간은 천부적으로 '신'의 형상을 따라 만들어졌다. 그것은 모든 번영의 출발점이기도 하다. 심지어 수많은 무신론자들의 가치 체계의 기반이 되는 전제도 '유대 기독교적 가치'에 따라 세워진 것들이 대다수다. 인간의 양심을 잘 반영하는 십계명은 수천 년이 지난 지금에 와서도 통용되는 인간 역사의 위대한 법칙이다. 이를 기반으로 세워진 민족과 나라는 흔들림 없이 번영과 자유를 누려왔다. 공동체에 속한 개인이 자유롭고 강력한 힘을 가질 수 있었다. 물론 이 역시 완벽하지는 않았다. 자유주의적이고 개인주의적인 유대 기독교적 가치를 옹호하면서도 미국의 지도자들은 노예를 소유하고 있었다. 그들 역시 완벽한 인간은 아니었던 것이다. 유대 기독교의 정신도 100퍼센트의 합리성을 자랑할 만큼 완벽하지는 않다. 하지만 결국 노예제를 폐지하게 만든 것도, 각 개인을 그 무엇보다 평등하게 만든 것도 유대 기독교적 가치가 저변에 깔려 있지 않았다면 불가능한 일이었다. 노예를 소유했던 지도자들도 결국에는 노예제도의 폐지에 힘을 보탰기 때문이다.

이성에 기반한 계몽주의는 과학의 발달을 불러일으켰지만, 수백만 명을 죽음으로 몰고 가는 전체주의의 씨앗이 되기도 했다. 결국 우리가 잃어서는 안 되는 가치가 바로 이것이다. 유물론적 사고에 기반한 PC주의가 현대사회를 무너뜨리고자 하는 것을 잘 보아, 이러한 사상이 무엇을 토대로 이루어졌는지, 어떻게 현대의 지성과 정신을 파괴하고 있는지 알아차려야 한다. PC주의는 알게 모르게 넓고 깊게 전파되고 있다.

많은 사람이 신봉하는 덕과 선의 가치, 즉 유신론적 유대 기독교의 가치를 비롯한 종교적 가치를 버리면 어떤 일이 일어날까? 우리의 본능과 이성, 이기적이면서도 이타적인 신경 회로의 보상작용만으로도 지금의 질서와 번영이 계속해서 이어질까? 니체는 그렇게 생각하지 않았다. 가치 기반이 무너지면 반드시 이를 대체할 무언가가 필연적으로 나타나게 된다고 보았다. 결국 20세기에 들어 '신앙'이라는 토대가 '과학적 유물론'으로 대체되면서 끔찍한 일들이 일어났다. 낭만적 민족주의가 떠오르면서 수백만 명의 목숨이 허공으로 사라졌다. 천부적 존엄은 처절하게 짓밟혀 인간은 전쟁의 도구, 또는 사회의 톱니바퀴로 전락했다. 이처럼 물질주의의 끝에는 허무주의가 있다. 인간이 지니는 천부적이고 신성한 가치와 숭고한 의식은 사라지고 인생의 의미 역시 희미해지고 말았다.

요즘 시대에 '왜 사는가?'라고 물으면 냉소적인 반응을 보이거나 비아냥거리는 사람이 적지 않다. 인생의 의미와 가치가 사라진 자리에 허무주의가 대신 들어앉은 것이다. 우리는 무엇을 위해 싸우는 걸까? 싸움에서 이겨 마침내 우리가 생각하는 유토피아를 건설하게 되면 우리가 진정으로 행복할 수 있을까? 삶의 평온, 신념과 가치의 존속, 지속적인 사회의 안정과 평정을 이룩해내면 우리가 더 이상 싸우지 않게 될까? 수많은 역사적 사건을 돌이켜 보면, 어느 한쪽이 승리를 쟁취해도 완벽한 유토피아가 실현되지는 않았다. 아이러니하게도 서로의 신념을 위해 치열하게 싸우는 지금이 가장 행복한 때인지도 모른다.

이익집단과 공동체의 이야기만이 아니다. 개인의 차원에서도 마찬가지다. 나는 무엇을 위해 살아가는 것일까? 무엇이 나를 쉽게 뜨겁게도, 이내 허무하게도 만드는 것일까? 죽음 뒤의 세상에는 무엇이 있을까? 리처드 도킨스의 말처럼 우리는 '우연히' 태어나 '먼지처럼' 사라지는 무의미한 존재일까? 민족이나 집단, 국가와 대의를 위해 쓰이는 물질적인 존재일까? 아니면 철학과 사상, 이념을 갖고 현세를 살아내는 지적 생명체일까? 어떻게 하면 공허와 허무주의에서 벗어날 수 있을까?

인간 사회의 도덕률은 이성과 과학만으로 다 설명할 수가 없다. 길게 보아야 500년의 역사를 지닌 과학을 맹신하는 것은 제대로 된 답이 아니다. 수백 년간 인간이 숭배해온 이성도 개인의 공허를 채워줄 수는 없었다. 아이러니하게도 나는 이 둘을 맹신하며 좇았다. 과학과 이성만이 내 삶의 모든 것을 설명할 수 있다고 믿었기 때문이다. 그러니 나

를 오래도록 괴롭혀온 허무주의의 근본이 이 둘에서 연유한다는 것을
알았을 때 느껴진 허탈함은 이루 말로 다할 수 없을 정도였다. 물론 감
정 과잉의 시대에 과학과 이성이 일시적인 해독제가 되어주기는 했다.
동정과 연민이 지배하는 사회를 다시금 정상으로 이끌어주는 역할을
톡톡히 하고 있다고도 생각된다. 그러나 나에게 삶의 의미와 가치에
대한 100퍼센트 만족스러운 정답을 주지는 못했다.

그러나 개인에게 신성함과 덕의 가치가 살아난다면 이야기는 달라진
다. 그 자체로 의미가 생긴다. 유대 기독교적 신이 없었다면 얻을 수
없는 답임에 틀림이 없다. 노예를 해방하고 개인의 가치를 무엇보다
존중한 까닭은 바로 인간이 '신'의 형상에 따라 빚어졌다는 한마디에
서 나왔다. 또한 나에게 작은 빛이 된 것이 바로 '숭고함'이라는 가치
다. 줄곧 외면하고 싶었던 것이기도 한 숭고함이라는 가치를 좇는 것
은 불편하고 힘든 일이다. 숭고함은 과학과 이성, 물질세계에서 비롯
되는 것이 아니다. 영적이고 종교적인 가치 체계에서 비롯되는 것이
다. 종교에 대한 반감 때문에 나는 더 외면하려 했는지도 모른다. 줄곧
왜 그렇게도 불편함이 불편했는지, 무엇이 나를 이토록 뜨겁게 했는
지, 결국 내가 지키고 싶던 것이 무엇이었는지 이제는 조금 알게 되었
다. 나는 스스로도 모르는 사이에 언제나 종교적 가치에 따라 행동하
기 위해 노력하고 있었고, 삶의 진실된 가치를 찾기 위해 안간힘을 쓰
고 있었다. 나름대로 열을 올리며 끝까지 지켜내고자 했던 것이 바로
'기독교적 가치'였던 것이다. 물질적 재화도, 도덕적 우월 의식도, 사
회에 대한 불만도 결국 우리의 빈 영혼을 채워줄 수는 없다. 우리를

채워줄 수 있는 것은 진정한 가치뿐이며, 그것은 사랑이고, 초월이며, 생명이다.

숭고함을 찾아가는 여정이 곧 우리의 인생이어야 한다. 그 여정은 감성과 공감 능력, 이성과 과학, 법과 도덕만으로는 향할 수 없는 곳이다.

개인을 초월한 영적인 고찰이 동반되지 않으면 우리는 목적 없이 방황하는 칼날이 되어 많은 사람을,

이 사회를 구성하고 지탱하는 소중한 가치를 망가뜨리게 될 것이다.

우리는 진실에 더 가까워져야 한다. 그 진실은 과학적 사실과 이성을 뛰어넘는 무언가다. 거부하고 떨쳐내려 해도 마음에 찾아드는 양심이다. 우리를 쾌락주의와 허무주의의 늪에서 구해주는 이정표다. 신이 선과 악을 동시에 만들어 인간을 세상으로 내려 보냈다. 우리는 자

01

유의지로 우리가 줄곧 찾아 헤맨 가치와 소중한 원칙을 지키며 앞으로 나아가야 한다.

나조차 이 여정을 시작한 지 얼마 되지 않았다. 고귀한 것을 좇고자 할 때, 지금 당장의 쾌락을 포기하려 할 때, 지금도 무척이나 큰 고통을 느낀다. 거짓 대신 진실을 말하려 할 때, 내 마음속의 의미를 찾고자 할 때, 가치에 따라 삶을 살아내려 할 때 무척이나 큰 불편과 당혹감마저 느낀다. 하지만 동시에 충만함과 고결함이 마음에 깃든다. 내가 우연히 태어나 흙덩이로 번져가는 먼지가 아님을 알기에 지금의 고통이 의미가 있다. 나와 가족이 생을 마감한다고 해도 영적으로 함께할 수 있음에 깊은 사랑을 느낀다. 앞으로 태어나게 될 나의 자손이 유기 생명체 이상의 가치와 의미를 지닐 것에 자부심이 느껴진다. 의미는 유전자보다 더 강력하게 자손과 후대를 이어준다. 보이지 않는 끈으로 사람과 사람 사이를 잇고 사회를 건실하게 하고 역사를 흐르게 한다. 그리고 인간 사회의 번영과 진실된 자유를 준다. 이것이 우리가 끝까지 지켜내야 할 가치이자 체계다. 나와 당신이 어떻게든 지켜내고자 했던 양심이기도 하다. 지금도 눈살을 찌푸리게 하는 종교인들이 존재한다. 하지만 변하지 않는 고정불변의 가치는 개인의 단편적인 행동을 초월한다. 부정적인 면만 보고 손쉽게 외면하기 전에 유구한 역사를 통해 인간을 인간답게 만들어준 가치에 대해 먼저 깊게 고찰해보는 것이 좋을지도 모른다.

불편함이

17

맴표의

시대

수많은 후회되는 일 가운데 내 인생에서 가장 후회되는 일이 세 가지 있다.

첫째는 100퍼센트 받을 수 있었던 대학 장학금을 신청 기간을 놓쳐 받지 못한 것이다. 그래서 입학금과 등록금을 전부 대출받아야 했고 이후로도 몇번 더 대출을 받아야 했기에 약 10년간 대출금에서 자유로워지기까지 얼마나 괴로웠는지 모른다. 아르바이트를 하면서도 도저히 줄어들 기미가 안 보이는 버거운 금액에 가슴이 턱 막히곤 했다. 아무리 좋은 일이 있어도 빚을 생각하면 절망스러웠다. 그러나 이러한 걱정도 잠시 유튜브가 인기를 얻게 되면서 빚은 금방 갚을 수 있었다. 여태껏 스트레스를 받았던 게 허무하게 느껴질 정도였다. 이렇게 갚을 거였으면 그렇게까지 심하게 걱정하지 않아도 됐을 텐데…. 쓰

다 보니 후회가 두 가지인 것 같다. '조금만 더 신경을 썼더라면 장학
금을 받을 수 있었는데…'와 '빚을 쉽게 갚게 되니 그렇게까지 걱정하
지 말걸…'로 말이다.

둘째는 유학 시절에 아르바이트를 한 것이다. 당시 같이 공부하던 외
국인 친구들은 정부나 본교에서 장학금을 비롯해 생활비까지 받았기
에 꽤 유복한 유학생활을 보냈던 것에 비해 나는 학비를 제외하고는
단 한 푼도 지원받지 못했다.

그래서 약 1년간의 유학 기간 동안 서빙 아르바이트를 해야 했다.
아르바이트의 경험도 좋지만 다른 친구들이 열심히 놀러 다닐 때 생활
비를 벌려고 일하는 것이 무척 고통스러웠다. 당시에는 살기 위해 어
쩔 수 없었지만 지금 생각해보면 참 후회스럽다. 쉽게 다시 만날 수 있
는 친구들이 아니기에 더 많은 시간을 함께하지 못한 것이 너무나도
아쉽다.

정말 재미있는 친구들이었다. 일 때문에 많이 어울리지는 못했지
만 그래도 그나마 남은 기억들이 지금의 보물이 되었다. 꿈같이 느껴
지는 시간이다. 차라리 생활비를 대출받아 유학 기간 동안 아껴서 썼
다면 더욱더 즐거운 시간을 보낼 수 있었을 텐데…. 심지어 지금은 마
음대로 해외도 돌아다닐 수 없는 실정이다 보니 더욱 생각이 난다. 정
말 소중하고 좋은 기억들이다.

마지막 후회는 그야말로 뼈저린 후회다. 위 두 가지 후회는 어찌 보
면 일종의 해프닝에 불과하다고 할 수 있지만 마지막 후회는 지금도

가슴에 한이 서리는 가장 큰 후회다. 사람의 심장에 비수를 꽂은 후회는 죄책감을 동반하기에 쉽게 잊히지 않는다. 지금 생각해도 참 괴롭고 화가 난다. 하지만 어쩔 수 없다. 지금 깨달았으니 그나마 다행이라고 자신을 위로하는 수밖에 없다. 당시에는 나는 그렇게 쉽게 선동되는 그런 청년이었다. 그렇다면 나는 지금 무엇을 후회하고 있는 걸까?

군 복무 시절 나는 책을 많이 읽었다. 연등 시간에도, 자유 시간에도 시간이 날 때마다 읽곤 했다. 그러다가 대뜸 얼굴이 붉어질 정도로 화가 치민 적이 있다. 한 일본인 작가의 책을 읽는 중이었다. 그 책에는 유아기를 비롯해 과거가 현재의 자아 형성에 얼마나 큰 영향을 주는지 아주 자세하게 쓰여 있었다. 프로이트의 영향을 받은 결과론적인 설명은 꽤나 설득력이 있었다. 책을 통해 내가 왜 내성적인 사람이 되었는지, 자신 없고 불행한 사람이 되었는지 그 이유를 알게 되었다. 모두 내가 어린 시절에 겪은 일련의 사건들 때문이었던 것이다. 글을 읽으며 모든 것이 맞아떨어지는 듯해 심장이 벌렁거리고 화가 났다. 내가 이렇게 못난 이유를 드디어 알게 된 것 같았다.

나는 어린 시절 어머니에게 참 많이 맞았다. 소파 뒤에 숨겨진 초록색 빗자루가 아직도 기억난다. 어머니는 내가 잘못을 하면 그 빗자루로 내 엉덩이를 마구 때렸다. 맞고 나면 나는 구슬프게 울었다. 많이 맞을 때는 일주일에 두세 번씩 맞았다. 맞고 대성통곡을 하는 패턴이 계속해서 반복되었다. 왜인지 맞을 때의 기억보다 오열했던 기억이 더욱 생생하게 난다. 억울했기 때문이다. 보통 어머니에게 맞을 때 이유를 잘 모르고 맞곤 했다. 단순히 기억을 못 하는 것일 수도 있지만 어느 쪽이든 혼나서 교훈을 얻은 기억보다 맞아서 억울한 기억만 남았다.

내가 읽은 책에서는 이러한 것을 '학대'로 규정하며 왜 나 같은 사람이 성인이 되어서도 남의 눈치나 보며 사는지에 대해 아주 자세하게 설명하고 있었다. 그러자 나는 어머니에게 화가 났다. 아끼고 보살피고 보듬어야 할 어린아이를 그렇게 밥 먹듯이 때렸으니, 그리고 매일같이 억울해 울도록 만들었으니, 얼마나 화가 나는 일인가? 그리고 그것 때문에 내가 지금 이렇게 내성적이고 못나서 고통을 받는데, 얼마나 억울하고 괴로운 일인가? 이러한 어린 시절의 상처는 부모님에게 직접 사과를 받거나 아니면 심리 치료를 통해 회복해야 했다. 물론 치료를 하더라도 유복하고 화목한 어린 시절을 보낸 사람보다 멋진 삶을 살 수는 없을 테지만 말이다.

군 복무 시절 마지막 휴가를 나왔을 때였다. 나는 집에 오자마자 어머니에게 화를 냈다. 어린 시절에는 작고 연약해서 반항할 수 없었지만 이제는 달랐다. 왜 나를 때렸냐고, 왜 나를 학대했냐고 집요하게 어머니에게 따지고 들었다. 어머니는 당황하다가 이야기가 하루 이틀 길어지자 곧 나에게 사과했다. 하지만 나는 화가 풀리지 않았다. 과거의 사건들 때문에 나의 정신세계는 완벽히 망가져버렸기 때문이다. 책이 아니었다면 평생 몰랐을 무지막지한 사실이었다. 그러자 어머니는 휴대전화로 내게 장문의 메시지를 보냈다. 정말 가슴이 찢어지는 메시지였다. "엄마가 미안해. 그때 너무 힘들어서 그랬나 봐. 기억해보니 웬 미친년이 그렇게 하고 있었네. 제발 용서해줘. 엄마가 미안하다." 그러자 화가 조금 풀리는 듯했다. 한편으로는 이상한 성취감도 있었다. 하지만 그게 바로 내 인생 최대의 실수였다. 그리고 평생을 후회할 최악의 선택이었음을 이제야 깨닫는다.

과거의 기억은 생각보다 쉽게 조작된다. 한때 심리 치료와 방송 프로그램 등을 통해 집단적 히스테리라고 할 만한 일이 벌어졌다. 많은 성인 여성에게 '기억 회복 운동'이 유행처럼 번져 그녀들의 기억에서 부녀 간, 친척 간의 상호작용이 성추행 또는 성폭행으로 둔갑했고, 100만 명이 넘는 여성이 아버지와 친척을 성추행과 성폭행으로 고소했다. 그러나 몇 년 후 대부분 무혐의로 밝혀졌고 여성들은 자신의 기억이 심리 치료와 방송 프로그램 등의 영향을 받아 왜곡된 것을 알게 되었다.

우리는 어떻게든 남 탓을 하고 싶어 한다. 군인이던 나는 그 책을 읽으며 지금 나의 부족한 모습이 어머니의 탓이라는 생각을 하고 싶었던 것이다. 그렇게 나의 기억은 과장되었다. 생각해보면 슬픈 일보다 좋은 일이 훨씬 많았다. 어머니에게 신나게 맞고 구슬프게 울기만 했었나? 아니다. 어머니는 항상 체벌의 훈육을 하신 뒤 나를 안아주었다. 아버지의 사업 실패로 요구르트 배달을 하며 무릎뼈가 다 삭도록 고생해 나를 키우지 않았는가? 딸이 심장마비로 사망했을 때도 꿋꿋하게 일어나 묵묵히 일을 해내지 않았는가? 나는 그 누구보다 어머니의 노고와 고통, 슬픔을 이해해야 하는 사람이 아니던가? 반에서 제일 가난해도 반장을 맡을 수 있었던 것은 내가 기죽지 않게 하기 위해 홀로 빚을 감당하며 수명을 깎아온 어머니의 고독한 노력 때문이 아니던가?

시간이 꽤 지난 후 어머니와 대화하며 알게 된 사실이지만, 그 사건 때문에 어머니는 정신과 상담까지 받으셨다고 했다. 물론 돈이 부족해 단 한 번에 그쳤고 이후로는 전화로 무료 상담을 받으셨다고 한다. 어머니는 정말 힘겨운 상황에서 홀로 일과 양육을 동시에 도맡아 해왔다. 특히나 당시는 어린이 성폭력과 미아, 납치 사건이 화두가 되던 때라 어머니는 종종 약속을 어기고 늦게 들어오던 나에게 더욱 조바심을 냈던 것이다. 심지어는 이 모든 것들이 너무나도 벅차 요구르트를 배달하며 빌라 옥상에서 신발과 양말을 벗고 한참을 운 적도 있었다고 했다. 그래도 일을 끝까지 했던 것은 오로지 나를 키우기 위해서였다. 그래서 어머니는 아무리 힘들어도 멋진 자존감이 있으셨다. 비록 자신의 아들에게 줄 수 있는 것은 많지 않지만, 정말 내가 할 수 있는 일은 모두 다하며 나를 키웠다는 것이 크나큰 자부심이었다. 그것이 비참한 삶 속에서 어머니를 지탱한 유일한 삶의 목적이자 이유였다. 하지만 씩씩거리며 휴가를 나와 화를 터트리는 나의 모습에 어머니는 가슴을 부여잡고 충격에 빠진 것이다. 20년이 넘는 세월을 죽음과도 같은 고통 속에서 나만을 위해 노력해왔는데, 모든 삶의 이유와 목적이 와장창 무너져내린 것이다. 고통스러운 삶을 겨우겨우 지탱하고 있던 어머니의 자부심과 자존심이 나의 폭언으로 짓밟히고 만 것이다.

지금의 나는 안다. 그 시절이 얼마나 행복했는지, 물질적인 가난 속에서도 얼마나 풍요로웠는지, 어머니가 나에게 해준 것이 얼마나 많은지를. 행복하고 좋은 시절이었다. 매일매일 절을 드려도 모자랄 정도다. '사랑'이 풍부했던 과거가 책 한 권에 의해 손쉽게 '학대'의 시절로 바뀌고, 또 그때의 시절이 지금은 풍요와 감사의 시절로 바뀌었다.

과거에 의해
나의 모든 것이
결정되는 게
아니다. 오히려
그 반대다. 지금의
내가 과거를
정의하는 것이다.

01

그리고 그것은 내가 '불평의 마음'을 지닐지 '감사의 마음'을 지닐지에 따라 달라진다. 불평의 마음을 지니던 시절에는 내 모든 과거가 피해자의 서사처럼 여겨지곤 했다. 스스로를 동화 속 가여운 주인공으로 생각하며 느끼는 슬픔은 달콤하기도 했다. 그러나 조던 피터슨의 강연 영상¹에서 불평해봤자 삶은 '무한대'로 더 나빠진다는 말을 듣고서 나는 감사와 불평에 대해 곰곰이 생각하게 되었다. 그의 말처럼 불평만 하던 과거의 나는 끝 모를 불행의 심연에 빠져 헤어날 방법을 몰랐었다. 내가 마지막으로 감사하는 마음을 가져본 적이 언제였던가? 모든 것이 너무나 당연하게 주어져야 한다고 여기지는 않았는가? 지금 나는 전쟁을 겪는 것도 아니고, 굶지도 않으며, 더위나 추위로 생사를 오가지도 않는다. 충분히 감사할만한 상황인데, 왜 이제껏 나는 조금도 감사하는 마음을 가져본 적이 없는 것일까? 그 한마디가 준 충격은 세상을 바라보는 나의 시선을 완전히 바꾸어버렸다. 그러자 거짓말처럼 모든 것이 감사하게 느껴지기 시작했다. 과거에 있었던 그러한 일들조차 마치 나비효과처럼 지금의 나를 탄생하게 한 멋진 영웅담처럼 느껴지기까지 했다. 힘들고 아픈 시절을 어머니 혼자 버텨낸 게 아니다. 우리는 고통을 나누며 함께 성장한 것이다. 어머니는 자신이 미쳤었다며 자책하며 고통스러워하셨지만, 미치지 않을 수 있었던 진짜 이유는 어머니와 내가 힘든 시간을 함께 버텼기 때문이다. 고통의 시절을 함께 겪어낸 우리의 모습이 이제는 너무나 자랑스럽다. 현재 어머니와 나의

---

1 유튜브 채널: Truthspeak
영상 제목: Jordan Peterson: "Freedom of Speech or Political Correctness?"

관계는 어느 때보다 좋다. 느지막하게 경제활동을 시작해 벌어들인 돈으로 어머니에게 최대한 효도하고 있다. 누구보다 소중한 존재임을 잘 알기 때문이다. 그런 어머니를 상처 준 것이 내 인생 최대의 후회다. 내가 못나거나 부족한 것은 온전히 내 탓인데, 남 탓으로 이를 해결하려 했다. 결국 어머니에게 화를 낸 것은 책 탓도, 내 과거 탓도, 당시의 환경 때문도 아니다. 나는 그저 비난의 대상이 필요했던 것이다. 나의 열등감을 온전히 내 책임으로 받아들이기 힘들었던 것이다.

한번 뱉은 말은 다시 주워 담을 수 없기에 조심해야 한다. 생각도 마찬가지다. 내 과거를 멋대로 조작해내고 하루 종일 불평하게 되는 것처럼 생각이 곧 현실이 된다. 그리고 그 생각이 부정적일수록 파괴력은 더욱 커져만 간다. 심지어 이러한 개인적 경험은 사회적 차원으로 비약되기도 한다. 그렇게 나는 줄곧 과거의 모든 것이 나쁘다고 생각해 왔다. 세상은 발전하고 진보하기 때문에 과거의 것은 옳지 못한 것이라 생각해온 것이다. 하지만 이를 어떻게 받아들이냐에 따라, 어떤 방식으로 해석하느냐에 따라 과거는 천차만별로 달라진다.

유구한 역사와 오래된 전통은 나쁜 것이 아니다.

과거의 모든 것이 틀렸기에 현재가 고통스러운 것이 아니다.

오히려 그 반대다. 과거의 모든 양분이 현재와 미래를 만들어간다. 어머니의 보살핌과 사랑 그리고 애절한 희생과 훈육이 있었기에 지금의 내가 있다. 과거를 어떻게 받아들이냐에 따라 현재와 앞으로의 삶이 달라진다.

이 세상 모든 것이 불편한 사람들은 과거를 무조건적으로 부정하고 부수어야 할 대상으로 본다. 왜냐하면 이들에게는 감사하는 마음보다

'불평'하는 마음이 앞서기 때문이다. 공허와 허무주의의 끝자락에서 이들은 세상에 현존하는 것뿐만 아니라 과거로부터 파생된 그 모든 것들을 '불편'하게 느끼는 감정에만 매달려 있다. '불편함'은 이들의 인생을 뜨겁게 하는 유일한 연료이자, 이들의 자존감을 지탱해주는 오만한 지지대다. 마치 과거의 내 모습처럼 말이다. 이로 인해 오랜 세월 동안 이루어진 권위와 질서보다, 혼란과 혼돈이 더욱 중요하게 여겨지는 시대가 왔다. 이들은 현존하는 시스템과 가치 체계는 모두 압제적인 과거로부터 연유한다고 본다. 이들에게 기존의 질서는 망가뜨리고 새로운 것으로 교체해야 할 구시대적 유물에 지나지 않는다. 어지럽고 혼란스럽지만 수많은 가능성이 존재하는 혼돈만을 원하는 것이다. (스스로를 피해자라고 인식한 이들이 실제로 피해자가 된 것처럼) 혼돈을 원하는 이들은 이 세상의 모든 질서에서 불편함을 찾아낸다. 현재의 권위자들, 기득권층, 위계질서 및 시스템을 무너뜨리면 모든 질서가 혼란해지는 대신 모두가 평등해진다. 전부 바닥으로 무너지기 때문이다. 그러한 전복만이 '새로운 체계'를 성립할 계기를 만들어주기에 이들은 끊임없이 만사를 불편하게 여기며 군중을 이루어 폭군 행세를 하고 있다.

하지만 모두 알아야 할 뼈아픈 사실이 있다. 모두가 일제히 평등해지기 위해서는 모두가 평등하게 무너지는 수밖에 없다는 것이다. 역사상 모두가 가장 평등했던 때는 바로 전쟁 직후다. 모든 것이 무너졌기에 모두가 평등하다. 불편한 것도 없다. 지금 당장 먹고사는 것이 최우선의 목표이기 때문이다. 끊임없이 불편함을 발견해내는 이들은 자신들의 불편한 감정을 보호하기 위해 세워진 기반이 다름 아닌 과거의 시스템과 위계질서에 의해 세워졌다는 사실을 알고 있을까? 아마 이러한 이야기는 귓등으로도 들으려 하지 않을 것이다. 유려한 수사로 나름의 반박을 늘어놓을 것이다. 유토피아에 대한 환상, 미래에 대한 황홀한 기대는 과거와 현재의 것들을 척결해야 할 대상으로 만든다. 그렇게 서서히 이들이 보는 과거도 조작된다.

스스로의 열등감을 정당화하는 가장 빠른 방법은 과거를 탓하는 것이다. 내가 어떻게 해볼 수 없는 대상을 탓하면서 기존 제도, 시스템, 환경의 피해자가 되는 것이다. 그렇게 모두가 슬픈 운명 속 주인공이 되어간다. 과거의 모든 것들이 잘못되었기에 현재와 미래는 과거의 모든 것들을 폐기해야 한다. 이를 위해서는 외부적인 요소들이 끊임없이 변화해야 한다고 생각한다.

사실 변화의 가장 빠른 방법은 나 자신이 변하는 것인데 보통은 용기를 내기 어려워한다. 그렇게 하기 위해서는 내 과거를 있는 그대로 받아들여야 하고, 또 내가 피해자라는 생각에서 벗어나야만 한다. 자신이 피해자라는 생각, 피해 의식의 울타리는 생각보다 달콤하다. 위로와 연대의 장을 순식간에 만들어주기도 한다. 남 탓, 환경 탓, 과거 탓, 사회 탓을 하면서 잠깐 동안이지만 스스로의 비참함을 해소할 수 있다. 그러는 과정에서 과거는 더욱 나쁜 것으로 규정된다. 부모가 나를 학대한 것 같다, 제때 나를 사랑해주지 않은 엄마가 원망스럽다, 내가 이렇게 어긋나고 삐뚤어진 것은 전부 엄마 탓이다, 아빠도 싫다, 가부장제라는 명목하에 우리 가족을 힘들게 했다, 부모님이 너무 밉다, 형제자매도 역겹고 가족이 싫다, 왜 낳음을 당했는지 모르겠다, 인생이 싫어진다, 나를 고통스럽게 하는 사회에 혐오가 생긴다, 오늘날의 시스템에 역겨움을 느낀다, 이제야 깨달았다! 세상은 불평등과 끝없는 압제에 의해 왜곡되어버린 매트릭스와도 같은 공간이다, 바뀌어야 한다, 아니 바꾸어야 한다, 자신 같은 제도와 환경의 불행한 피해자가 또 나와서는 안 된다, 그렇게 세상의 불평등과 부조리에 맞서 싸움을 시작한다, 그것은 허구이든 실제든, 과장된 감정이입이든 상관없다, 그렇게 모든 것이 불편해진다, 그러는 사이 세상은 더욱 어두운 곳으로 변해간다, 점점 진실과 멀어지게 된다.

학대를 당한 사람이 모두 어두운 삶을 사는 것은 아니다. 사회와 제도에 명확한 불합리함이 있다고 해서 모두가 패배자의 삶을 사는 것은 아니다. 그러한 난관을 겪더라도 자신 있게 앞으로 나아가는 사람들이 있다. 실제적인 불평등과 차별 속에서도 성공을 거머쥐는 사람들이 지금도 나타난다. 진짜 사회를 변화시키는 사람들은 바로 이러한 사람들이다. 변화는 '나'로부터 시작되어야 한다. 그리고 그것이 더욱 힘들고 고된 길임을 모두가 안다. 내가 나를 바로 세울 수 있을 때, 이 사회에 더 많은 것들을 기여할 수 있게 되고, 또 그러한 개인이 점차 많아질 때, 사회는 연쇄 작용에 의해 더욱 좋은 곳으로 바뀌어간다. 느끼는 모든 불편함에 투덜대며 히스테리 반응을 보이는 것만이 올바른 방법이 아니라는 것이다. 불편함의 근원을 잘 따져보아야 한다. 억울함과 피해 의식의 늪에서 빠르게 벗어나야 한다. 내가 성장해야 사회가 변화한다. 당신이 원하는 사회는 더 나은 당신이 만들어나가는 것이다.

과거의 모든 것을 악으로 규정짓고 조작할 필요가 없다. 지금의 기준과 잣대에 맞지 않는다고 해서 혐오할 필요도 없다. 모든 권위에 반발해야 할 의무 또한 없다. 종래의 위계질서를 무너뜨려야만 할 이유도 없다.

변화는 존중에서부터 시작해야 한다. 존경할 수 있다면 더할 나위 없다.

그리고 변하지 않는 가치는 지켜야 한다. 그렇게 역사는 진보해왔다.

올바름이라고 믿었던 크고 작은 불편함의 실체를 이제 우리는 알았다. 이것은 약자를 위한 공감과 배려, 따뜻한 마음으로 포장되었지만 본질은 '이념의 횃불'이었다. 이 횃불이 번져 인간을 인간답게 만든 숭고함이라는 가치를 활활 태우고 있다. 그렇게 전 세계적으로 '올바름이라는 착각'이 빠르게 퍼져 나가고 있다. 이제 그 착각을 바로잡을 때다. 이념과 선동 너머에 있는 진실을 추구해야 할 때다. 이념에 홀린 자들이 도덕적 상대주의라는 이름으로 절대적인 위력과 강압을 행사할 때, 우리들 마음속에 작게 빛나는 '숭고함의 가치'를 밝게 비춰야 한다.

작은 불편이 좋은 사회를 만들어나간다는 캐치프레이즈는 양날의 검을 갖고 있다. 어느새 소위 불편을 많이 느낄수록 더 높은 우월의식까지 갖게 되는 사회가 되다 보니, 상대적인 도덕적 우월감만 팽배한 시대가 되어버렸다. 이러한 시대가 이끄는 곳을 우리는 어렵지 않게 예상할 수 있다. 번영과 자유의 길을 이룩하게 한 가치가 파괴되어버린 곳, 파멸된 자들과 함께 마치 전쟁 직후와 같이 모두가 평등해지는 시대. 전체주의와 물질주의가 만연하면서도 그 누구 하나 부유해질 수 없는 시대. 그 시대가 도래하고 있다.

이를 막을 방법은 아직 존재한다. 그리고 불가능할 만큼 어려운 방법도 아니다. 우리의 양심이 지키고자 하는 것을 지키면 된다. 우리 사회를 번영으로 이끌었던 그 자유와 전통의 가치를 수호하면 된다. 실체 없는 불편을 주장하며 이 사회를 무너뜨리려는 이념이 오히려 더욱 불편하게 느껴지는 시대를 다 함께 만들어나가면 된다. 그때부터 우리 사회는 균형을 이루기 시작할 것이다.

정치적으로 올바르기 전에 나 자신을

바로 세워야 함을
인식하고
고뇌하는 시대,
그 시대로 향하는
길 위에 나는
여러분과 함께
서 있다. 처음이라
두려울 뿐
한 걸음 내딛기

시작하면 걸음은 곧 가벼워질 것이다. 그 길에 우리의 가족과 선조, 더 멀고 오래된 영혼들이 함께 하고 있다. 우리 그 모험의 여정을 떠나자.

…라고 끝맺는 저란 사람은
유튜브 읽어주는 남자입니다!

올바름이라는 착각:
우리는 왜 조던 피터슨에 열광하는가

초판 1쇄 발행   2021년 6월 10일
초판 10쇄 발행   2023년 2월 17일

지은이	유튜브 읽어주는 남자	펴낸이	유귀선
편집인	이기웅	펴낸곳	㈜바이포엠 스튜디오
책임편집	김혜영	출판등록	제2020-000145호
편집	주소림, 안희주, 양수인, 한의진, 이원지,		(2020년 6월 10일)
	오윤나, 이현지	주소	서울시 강남구 테헤란로 332,
디자인	mykc		에이치제이타워 20층
책임마케팅	정재훈, 김서연, 김예진, 김지원, 박시온,	이메일	odr@studioodr.com
	류지현, 김소희, 김찬빈, 배성원		
마케팅	유인철, 이주하		
경영지원	김희애, 박혜정, 최성민		
제작	제이오		

©유튜브 읽어주는 남자
ISBN 979-11-91043-26-6 (03300)
데이포미는 ㈜바이포엠 스튜디오의
출판브랜드입니다.